"외국인도 놀라는"

간절한 영어 학습법

외국인도 놀라는 간절한 영어 학습법

초판 1쇄 인쇄 2013년 04월 30일
초판 1쇄 발행 2013년 05월 08일

지은이   정성일
펴낸이   손형국
펴낸곳   (주)북랩
출판등록   2004. 12. 1(제2012-000051호)
주소   서울시 금천구 가산디지털 1로 168,
            우림라이온스밸리 B동 B113, 114호
홈페이지   www.book.co.kr
전화번호   (02)2026-5777
팩스   (02)2026-5747

ISBN 978-89-98666-49-1   53740

이 도서의 국립중앙도서관 출판시도서목록(CIP)은 서지정보유통지원시스템 홈페이지(http://seoji.nl.go.kr)와
국가자료공동목록시스템(http://www.nl.go.kr/kolisnet)에서 이용하실 수 있습니다.
(CIP제어번호 : 2013004735)

외국인도 놀라는

간절한 영어 학습법

정성일 **지음**

book Lab

목차 contents

awesome!

영어 공부 다시
시작하시는 동네 아주머니

나는 호주에서 대학을 나와서 호주영주권을 취득했다.

영주권 취득을 위해서는 반드시 IELTS 점수가 있어야 하기 때문에 영어습득에서 시간을 최대한 효율적으로 사용해야만 했다.

나의 영어학습법은 영어환경에 수년간 살면서 많은 시행착오(trial and error)를 거쳐 만들어낸 생활습관에서 나온 것이다. 이 책을 통해 그 비법을 전수해 주려고 한다.

여기서 가장 중요한 것은 뇌입일체와 H·A·M 학습법이 근본적으로 이루어져야 한다는 것이다.

나는 이렇게 말하고 싶다.

"우리가 어떻게 하면 영어를 잘할 수 있는가를 생각하기 전에 다시 거꾸로 돌아가 우리가 어떻게 한국어를 잘하게 되었는지를 생각하는 것이 더욱 빨리 해답을 찾을 수 있을 것이다."

언어는 표현의 수단이자 지식습득의 도구인 것을 잊어버려서는 안 된다.

여러분들은 성인 수준의 영어를 하고 싶은가?

모두가 '네~'라고 대답할 것이다.

이 책을 읽기 전에 간단한 레벨 테스트를 할 것이다.

아래에 있는 단어의 뜻을 영어로 말해보자

원어민 5살 아이도 알고 있는 수준의 영어다.

여러분도 알고 있는지 확인해보자.

[Speak english]

* 의자_____ 아이가 의자에 앉아 있다.

* 탁자_____ 탁자 위에 화분이 있다.

* 거울_____ 거울이 어디에 있니?

* 가방_____ 나는 어제 가방을 샀다.

* 시계_____ 시계가 어디 있지?

* 자 _____책상 위에 자가 있다.

* 화분_____ 화분이 창문 앞에 있다.

* 안경_____ 그녀는 안경을 사야 한다.

* 슬리퍼_____ 슬리퍼가 화장실에 있다.

* 달력_____ 달력이 벽에 걸려 있다.

* 천장_____ 천장에 파리 한 마리가 있다.

* 냄비_____ 냄비는 의자 위에 있다.

* 음료수_____ 음료수를 사고 싶다.

* 빵_____빵을 먹고 싶니?

* 비누_____ 비눗갑에 비누가 있다.

5살보다 못한 실력의 소유자!

10년 동안 허송세월을 보냈구나!

좌 절 금 지

* 쓰레기통_____ 쓰레기통에 휴지를 버려야 한다.

* 선풍기_____ 선풍기를 켜라.

* 신문_____ 아버지가 신문을 보고 계신다.

* 휴대폰_____ 휴대폰을 언제 샀니?

* 액자_____ 액자가 벽에 걸려 있다.

* 담배꽁초_____ 담배꽁초를 버리지 마세요.

* 냉장고_____ 냉장고에 신발이 있다.

* 화장품_____ 엄마가 화장품을 사셨다.

* 종아리_____ 종아리가 아파요!

* 허벅지_____ 그녀의 허벅지에 개미가 있다.

* 배꼽_____배꼽은 단추처럼 생겼다.

* 에어컨 _____ 에어컨을 켜라.

* 잡지_____ 친구가 거실에서 잡지를 보고 있다.

* 소설책_____아버지가 어제 서점에서 소설책을 구입하셨다.

* 꽃병_____ 꽃병은 탁자 위에 있다,

* 재떨이_____ 재떨이가 어디에 있니?

* 인형_____ 인형은 소파 위에 있다.

* 장난감_____ 나는 친구와 장난감을 가지고 놀고 있다.

* 반지_____ 이모가 나에게 반지를 선물해 주셨다.

* 귀걸이_____ 어제 귀걸이를 잃어버렸다.

* 저금통_____ 저금통에 동전이 꽉 찼다.

* 이솝우화____ 이솝우화는 재미있다.

* 손목_____손목에 시계를 차고 있다.

위에 있는 단어의 뜻을 알고 문장을 말할 수 있다면 당신은 원어민 5살 정도의 실력을 갖추고 있는 것이다.

여기서 내가 이야기하고 싶은 것은 3살 수준을 거치지 않으면 5살이 될 수 없고 10살이 될 수 없다는 분명한 언어의 법칙이다.

원어민 20살 정도의 영어실력을 가지고 싶다면 이 순서를 거치지 않고서는 절대 영어를 잘할 수 없다.

이 책에 있는 방법을 잘 활용하면 여러분은 엄청난 돈과 시간을 절약할 수 있으며 당당한 영어 초능력자로 다시 태어날 것이다.

난 이 방법으로 영어시험 **IELTS**를 통과해 대학과 호주 영주권을 취득했으며 지금은 영어학원 원장으로 바쁜 생활을 하고 있다.

이 방법은 여러분의 일상생활에 영어를 접목시켜 우리가 헛되이 보낼 수 있는 시간을 영어 학습에 초점을 맞추어 놓았다.

이제 당신의 머릿속에 잠자고 있는 영어친구를 춤추게 할 때가 왔다.

Are you ready to stand UP?

한국어를 잘할 수 있다면

영어도 무조건 잘할 수 있다고 믿는다.

실용적인 습관과 방법만 알고 있다면……

IS ENGLISH WHOLE YOUR LIFE ?

시각적 상기물
VISUAL REMINDER

◆ ◆ ◆

지금부터 시각적 상기물을 이용한 가장 간단하고 기억에 오래 남을 수 있는 방법을 알려주겠다.

시각적 상기물(visual reminder)이란 자신의 공간에 있는 모든 사물에 영어단어를 적어 놓는 것이다.

내가 호주에서 공부할 때 친하게 지내는 동생이 있었는데 그 친구는 호주에 유학 온 시간은 짧았지만 다른 학생들에 비해 영어실력이 월등히 뛰어났다. 그것은 이해할 수 있는 영어의 노출이 얼마나 중요한가를 보여주는 것이다.

어느 날 그 친구 방에 놀러가게 되었는데 방에 들어서자마자 나는 놀라지 않을 수 없었다. 200개가 넘는 단어쪽지들이 방을 가득 채우고 있었기 때문이다.

단어를 종이에 적어 가장 잘 보이는 벽이나 거울에 물론 화장실 변기 앞에도 붙여 놓았었다. 자신이 잘 기억하지 못하는 단어를 집안 곳곳에 적어 놓았을 뿐만 아니라 눈에 보일 때마다 소리 내어 읽었다.

시각적 상기물은 영어습득의 흐름을 이어줄 뿐만 아니라 자신의 실력을 향상시키는 중요한 도구이기 때문이다.

오늘부터 잠들기 전에 오늘 내가 보았던 사물이나 동물 등을 머릿속에 정리하면서 쪽지를 만들어 벽에다 붙여 보자.

우리생활에 있는 무수히 많은 사물들을 천천히 영어 시각적 상기물로 만들어 보자. 가게(store), 편의점(convenience store), 문방구(stationery) 외과(surgery), 성형외과(plastic surgery), 수의사(vet), 은행(bank), 부동산(real estate agency), 기타 등등, 영어사전을 이용한 간단하고도 쉬운 학습법이다.

예를 들어 아침식사를 먹기 전에 반찬을 살펴본다.

살펴보는 데 시간은 3초도 걸리지 않을 것이다. 살펴보고 난후 영어사전을 꺼낸다. 오늘의 반찬은 고등어, 시금치, 계란, 오이였다고 해보자.

고등어는 mackerel, 오이는 cucumber, 시금치 spinach, 계란은 egg.

밥을 먹기 전에 딱 1분만 투자하면 된다.

1분만 투자한다면 당신의 영어실력과 당신의 연봉이 정말 놀라운 속도로 올라갈 것이다.

아침식사를 하기 전에 A4 용지를 꺼내어 아침반찬의 메뉴를 영어로 적어보자. 종이에 적고 천천히 읽고 난 후 탁자에 잘 보이는 곳에 외울 때까지 붙여 놓아야 한다.

한 번 만에 못 외웠다고 속상해할 필요는 없다.

가장 중요한 것은 반복적으로 보고 입으로 따라 읽어야 한다.

머릿속에 들어갈 때까지 종이를 버리지 않고 식사를 할 때마다 한 번씩 보고 따라 읽어라. 한국의 3살짜리 어린아이가 다른 또래 아이들보다 말이 서툴다고 해서 나중에 한국말을 능숙하게 말하는 데 큰 지장을 주지는 않는다.

단지 빠르고 느림의 차이라는 것이다.

또한 이 방법은 다이어트를 하는 사람에게도 참 좋다.

단어를 보면서 밥을 먹기 때문에 음식을 천천히 섭취할 뿐만 아니라 음식을 적게 먹는 효과까지 생긴다.

음식이 장에 들어가서 뇌에 전달되기까지는 20분 정도 소요된다고 한다.

요즘은 영양 과잉 시대에 살고 있어 음식을 천천히 먹고 오래 씹고 먹는 것이 건강에도 아주 좋다.

이렇게 반찬에 관한 영어를 딱 30일만 정리한다면 당신의 반찬영어는 어느새 원어민을 능가할지도 모른다.

visual reminder (시각적 상기물) 첫 번째 비법!

영어단어를 눈에 잘 띄는 곳에 놓아두어 반복적으로 익히게 하는 영어비법이다. 반드시 **1번째 비법**을 식탁에서 1분만30일 동안 해보길 바란다!

천천히 재미와 습관이 되도록 조금씩 하는 것이 좋다.

처음부터 여러 곳에 시각적 상기물을 사용한다면 영어습득에 쉽게 질려 버릴 수가 있으니 처음에는 식탁에서부터 시작해 천천히 범위를 넓혀가는 것이 중요할 것이다.

1달 동안 하루에 1분만 반찬영어를 마스터한 후 다음 책장을 넘기기 바란다.

[For example]

1일차

아침: steam rice, kimchi, bean-paste soup, bean sprouts

점심: brown seaweed soup, mung-bean sprouts, kimchi

저녁: pork, bean-paste, a green onion, broccoli

2일차

아침: leek, spinach, pollack soup, beef ,steam rice

점심: burger, french fried, coke, fried rice, noodle

저녁: sausage, ketchup, a stewed chicken, kimchi, steam rice

3일차

아침: ???

점심: ???

저녁: ???

이제 여러분이 30일간 나오는 반찬영어를 찾아서 정리해보시기
바랍니다!!

시각적 상기물의 효과는
경험해본 사람만이 알 것이다.

최고의 차
The best tea

◆ ◆ ◆

　호주에서 만난 이라크 친구는 호주로 오기 위해 밀항을 했다고 한다.

　그는 호주로 오기 위해 15일 동안 화물칸에 갇혀 있어야만 했다. 자신이 가지고 있는 주머니에 있던 음식은 3일 만에 떨어졌고 더 이상 먹을 것이 없었다고 한다.

　물도 다 떨어진 상황에서 몸은 점점 지쳐 쓰러져 가고 있었다.

　목이 너무 타들어가는 그는 또 다른 하나를 발견하게 된다.

　바로 오줌이었다. 처음에는 비린내가 나서 못 먹지만 시간이 지나면 비린내가 사라져 차(tea)처럼 마실 수 있다고 했다.

더욱더 놀라운 것은 그가 먹어본 것 중에 가장 맛있는 차였다고 한다.

그는 분명히 tea라고 말했다.

나는 그때 이렇게 생각했다. 그가 정말 목이 말라 마셨던 그 오줌은 그에게 물 이상의 가치를 가져다 준 것이라고 말이다.

오줌이 세상에 하나밖에 없는 차가 될 수 있었던 것.

그것은 바로 살고자 했던 간절함에서 비롯되었다.

간절함! 무언가를 미치도록 원하면 무에서 유를 창조하고 자신의 잠재의식이 또 다른 힘을 발휘한다는 것을 깨달았다.

당신도 영어를 잘하고 싶은 간절함이 있는가?

자신에게 영어가
왜 간절한지 생각하세요!

옹알이를 하자
babble

◆ ◆ ◆

두 번째 비법은 바로 옹알이다.

우리가 가장 근본적으로 영어를 잘하지 못하는 이유는 **옹알이 (babble)**를 거치지 않고 영어를 잘하려고 하기 때문이다.

옹알이는 일반적으로 아기들이 말을 배우기 전에 하는 전 단계로써 무조건 소리를 내는 것이다.

아기들이 제일 먼저 말하는 것이 '엄마'라는 단어지만 자세히 살펴보면 엄마를 말하기 전에 일정한 음(sound)을 몇 개월 동안 옹알옹알 대다가 시간이 조금 지나면서 다른 음들을 함께 옹알댄다는 것을 알 수 있다.

2살 정도에 이 단계를 거치게 되는데 그때는 엄마, 아빠라는 단어와 몇 개의 단어밖에 말하지 못한다.

이 과정은 말을 하기 위해 반드시 필요한 첫 번째 단계 옹알이(The first step of babble)라는 것이다.

우리나라 사람들은 이 단계를 철저히 무시하고 영어를 배우려 하기 때문에 절대 영어를 잘할 수 없는 것이다.

갓 태어난 아기들은 말의 속도(speed of speaking)를 먼저 익혀야 말을 할 수 있다.

그러나 영어를 배우는 우리의 자세는 많은 문장들을 속도도 익히기 전에 무조건 완벽하게 하려고 하고 단어부터 외우기 시작한다.

많은 단어를 알고 있으면 무엇을 하겠는가?

단어만 머릿속에서 맴돌다가 그냥 더듬더듬 거린다. 언어의 가장 본질적인 말의 속도를 익히지 않았기 때문이다.

알고 있는 단어들이 많아도 절대 입으로 나오지 않는다.

언어는 말의 속도를 먼저 익히지 않으면 절대로 할 수 없다. 여러 문장을 많이 보기 이전에 몇 개의 문장들을 반복함으로써 말의 속도와 리듬에 먼저 익숙해져야만 비로소 언어를 습득할 수 있다.

언어를 배울 때는 들리는 소리를 입으로 익히는 것을 가장 우선적으로 중요하게 생각해야 한다.

원어민처럼 말의 속도를 끌어올릴 수 있는 비법을 알려주겠다.

자신이 중요하게 생각되는 명사만 크게 읽어도 자연스럽게 리듬이 생겨난다.

EX) There is a cat in my bag.

데얼 이즈 어 캣 인 마이 백

우리나라의 언어로 읽으면 이렇게 발음이 나온다. 이렇게 형성되는 우리나라 발음이 속도를 높이면 어떻게 될까?

조금 빨리 읽어보자~ 10번 이상만 읽어보면 이렇게 소리가 날것이다.

데얼 이저 캣 이마 백~

1단계에서는 천천히 단어를 읽어 내려가고 2단계에서는 좀 더 빨리 읽고 3단계에서는 아주 빠른 속도를 읽어야 한다.

한 문장을 3일 동안만 해보자!

반드시 3일 동안 해야만 한다. **"너무 쉬우니까 안 해도 되겠지"**라고 생각하는 순간 당신의 영어실력은 영원히 제자리걸음일 것이다.

이 방법은 어린 아기들이 옹알이를 하는 것과 같은 효과를 얻을 수 있다.

EX) There is a cat in my bag.

아기들은 처음 옹알이를 할 때는 한 가지 음을 내다가 나중에는 다양한 음을 구사하기 시작한다.

우리는 원어민 아기들이 아니고 성인이므로 간접적인 옹알이 연습이 반드시 필요하다. 그러므로 이 방법은 옹알이를 익히는 좋은 방법 중에 하나이다.

1단계에서는 5초,

2단계에서는 4초,

3단계에서는 2초 만에 읽는 연습을 해야만 반드시 원어민처럼 능숙하게 말할 수 있다.

물론 phonics에서 배운 것처럼 혀를 내고 입술을 깨무는 발음을 처음부터 굳이 하지 않아도 된다.

V, Th, Z, F, R, L ······

이런 발음기호를 굳이 먼저 익히지 않아도 된다는 것이다.

원어민 아기들도 처음부터 그렇게 하지는 못했기 때문이다.

언어를 처음 익힐 때는 소리와 스피드를 내는 것에 모든 초점을 맞추어야 하는 것을 절대 잊어서는 안 된다.

우리의 두뇌는 어린 아기가 아닌 성인 수준이라는 것을 반드시 기억해야 한다. 옹알이를 하기에는 우리는 너무 성장했기 때문에 문장의 속도를 바꾸어 가면서 간접적으로 옹알이 연습을 해야 한다.

1주일 동안 아래의 10문장을 반복해서 읽어 보자!

1. I love you the most.
2. my love will go on.
3. I can't live without you.
4. you belong to me.
5. you are everything to me.
6. I can't find someone like you.
7. swear the God.
8. you raise me up.
9. I follow you forever.
10. That's the reason I love you .

이 표현들은 맘에 드는 외국인 남자친구나 여자 친구를 만들고 싶을 때 아주 유용하게 쓰일 것이다. 또한 한국 남녀에게도 반드시 효과를 볼 수 있을 것이다.

영어를 싫어하는 사람들일수록 재미있게 공부하기를 원한다.

사랑한다는 표현을 영어로 익히면서 옹알이를 할 수 있는 좋은 예문이다.

반드시 1주일 동안 해야 한다. 입에서 줄줄 나올 수 있을 때까지……

아침에 일어나는 순간부터 시간이 날 때마다 하는 것이 좋다.

문장에 3단계 속도의 법칙을 적용하며 읽어야 한다.

보통 1주일이면 종이를 보지 않고도 외울 수 있다.

한국어가 아닌 영어를 말하기 위한 옹알이를 준비하는 단계라고 생각하면 쉽게 이해가 될 것이다.

내가 가르치고 있는 학생들에게 이 방법을 적용하면 놀라운 속도로 회화를 향상시키는 것을 눈으로 직접 보았다.

반드시 기억해야 할 것은 문장을 익히는 것보다 말의 속도를 익히는 것이다.

언어는 옹알이부터 시작된다!!

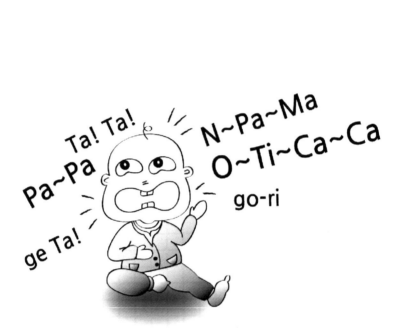

1주일 후……

please!

make sure?

말하는 알람시계가 되자
Be a alarm clock

◆ ◆ ◆

1주일 동안 여러분은 열심히 따라 했습니까?

스스로에게 물어보자?

2번째 법칙을 따라 하지 않은 사람은 이 책을 넘기지 말고 다시 시도하기 바란다!

내가 책 주인인데 내 맘대로 하면 되겠지, 하면서 책장을 넘기고 있다면 당신은 벌써 인내심과 성실성이 부족한 사람이라는 것을 증명하는 것이다.

영어를 잘할 수 있는 기본적인 자질(disposition) 즉, 인내심 (patience)이 없을지도 모른다. 인내심이 없다면 당신은 영원히 영어를 못할 수도 있다.

　열심히 문장을 다 외운 사람은 어느 정도 옹알이가 되었을 것이
니 이번에는 3번째 법칙을 알아보자.

이제는 **3번째 법칙**

매일 1시간마다 말하는 알람시계가 되는 것이다.

　매 1시간마다 alarm call을 맞추어 **11초만** 영어문장들을 말해보
자!

　예를 들어

9시 알람이 울리면　　　Have you been to paris? (5초)

　　　　　　　　　　　Have you been to paris? (4초)

　　　　　　　　　　　Have you been to paris? (2초)

　같은 문장을 3번 정도 반복적으로 하되 속도는 다르게 하는 것
이 매우 중요하다.

　또한 처음부터 어려운 문장들을 하다 보면 쉽게 질려서 절
대로 오래가지 못한다.

10시 알람이 울리면 Where is he?

11시 알람이 울리면 What is your home address?

12시 알람이 울리면 Come to my office immediately

13시 알람이 울리면 Look at me right now

14시 알람이 울리면 Take a break

15시 알람이 울리면 What are you doing?

16시 알람이 울리면 I'm bored

17시 알람이 울리면 oh! he has red hair

18시 알람이 울리면 put your hand up

하루에 10문장씩 1개월만 이렇게 한다면 당신의 영어실력은 당신이 생각하는 이상으로 향상될 것이다.

어떤 학생은 이렇게 질문한다.

선생님! 그럼 영어문장은 무엇을 보고 적어야 하나요?

나는 이렇게 말했다.

"집안에 찾아보면 오래된 중학영어단어장이 있을 거야!"

"가장 쉬운 걸로 한 권 골라서 책 안에 있는 예문을 찾아서 적으면 돼!"

일반적으로 영어단어장책이 없는 집은 거의 없을 정도로 한국 학생들은 단어에 많은 비중을 둔다.

분명히 말하지만 단어가 아니라 문장을 찾아서 따라 읽어야 한다는 것을 깨달아야 한다.

혹시 영어단어장이 없는 사람이면 영어 실용회화사전을 반드시 구입하기 바란다.

실용회화 중심으로 300문장을 무조건 달달달 외워야 다음 4번째 단계로 넘어 갈수 있다.

*좋은 예문

ex) would you like something to eat? (O)

ex) can I have a coffee? (O)

*나쁜 예문

ex) animals know

how to adapt to the cold weather (x)

동물들은 추위에 적응하는 방법을 알고 있다.

ex) man is gregarious animal (x)

인간은 무리지어 사는 동물이다.

위에 있는 두 문장은 누가 봐도 쉽게 따라할 수 있는 문장이다. 단어도 쉬울 뿐만 아니라 쉽게 읽을 수도 있을 것이다.

우리나라 사람들의 가장 큰 생각의 오류는 내가 읽을 수 있으면 이 정도쯤은 영어로 말할 수 있다고 생각한다는 것이다!

내가 읽고 해석할 수 있으면 아주 만족해하고 쉽게 넘어가려는 우리나라 사람들의 이 나쁜 생각의 오류가 영어후진국으로 만들어 놓은 주범이다.

눈으로 읽는 것과 말하기는 아주 큰 차이점이 있다.

말은 하지 않으면 절대로 할 수 없는 것이 말이기 때문이다.

그럼 말을 잘하기 위해서는 어떻게 하면 될까?

말을 많이 해보면 된다.

논리적인 방법과 해결책 없이도 충분히 잘할 수 있는 것이 바로 언어이기 때문이다. 언어는 의사소통의 수단이 가장 본질적인 것이기 때문이다.

예를 들면 아프리카 부족민들은 글이 없이도 의사소통하는 데 아무런 문제가 되지 않는다. 그들은 읽기(reading)로 언어를 습득한 것이 아니라 대화로써 언어를 습득한 것이다.

우리는 우리가 투자한 영어시간만큼 반드시 보상을 받아야 한다.

그리고 이 책의 실용비법을 통해 반드시 받을 수 있을 것이다.

자~ 다 같이 1개월 동안 **300문장**을 무한 반복해보자.

1개월 후……

시간이 아주 많이 흘러간 것 같다.

1개월? 내가 호주에 있을 때 1개월이라는 시간은 정말 빨리 지나 갔다.

사실 영어가 하나도 늘지 않았는데 시간만 지나간 것 같다.

돈으로 따져 보자면, 한 달 학비 100만 원, 한 달 홈스테이비 80만 원, 한 달 용돈 70만 원.

교통비가 비싸고 담뱃값도 많이 비쌌다. 거기다 밥값도 많이 비싼 편이라 모든 게 한국보다 비쌌다. 1개월 유학생활을 하면 비행기 값을 포함해 대충 250~300만 원 정도 들어간다고 보면 될 것 같다.

워킹 홀리데이 비자를 포함한 일반적인 유학생활은 이 정도의 학비와 생활비가 들어간다고 보면 되겠다.

하지만 돈의 가치와 시간의 가치를 비교해 봤을 때 너무 비효율적이라는 것을 뒤늦게 알 수 있었다.

영어 때문에 유학 온 학생들이 SPEAKING ENGLISH COUNTRY (미국, 캐나다, 영국, 호주, 뉴질랜드, 기타 등등) 즉, 영어를 모국으로 쓰고 있는 나라의 배를 불리는 외화낭비로밖에 보이지 않았다.

나도 사실 1개월이라는 시간 동안 공부를 하기보다는 일본인 유학생들과 어울리며 음주가무를 즐기며 엉뚱한 짓을 하면서 시간을 보냈던 것 같다.

아주 짧은 영어를 구사하며 손짓 발짓 모든 걸 동원하면서 영어 회화를 하면 신기하게도 일본 유학생들과는 회화가 되는 느낌이 들었기 때문이다.

하지만 반드시 알아야 한다. 시간은 멈추지 않고 계속 흘러간다.

영어공부를 열심히 하던지 그렇지 않던 간에⋯⋯.

내가 이 책을 쓰는 이유는 멍청하게 돈을 낭비하는 유학생들이 없었으면 하는 바람 때문이고 그에 더해 자투리의 시간의 활용법을 전수해 주기 위해서다.

여러분의 영어향상을 위해 아까운 시간과 돈을 헛되이 쓰지 않기를 바란다.

해외 유학을 가지 않고도 영어를 잘할 수 있는 비법들을

공개해 여러분이 영어공부 때문에 유학을 가지 않도록 할 것이다.

-To be continue?
Insert your passion-

한국 유학생들의 도박
GAMBLING

♦ ♦ ♦

한국 유학생들이 영어 향상을 위해 유학을 가지만 외국 곳곳에는 놀 거리와 먹을거리 천국이다.

특히 꼭한 번 들리는 곳!

바로 카지노(casino)다.

카지노에 가면 영어를 잘하지 않아도 특별대우를 받는다.

그곳에 가면 다양한 게임들이 유학생을 유혹한다. 돈을 따기보다는 호기심에 그냥 한 번 해보지만 실상은 그렇지 않다.

처음에 재미로 하다가 나중에 본전을 찾기 위해서 차츰차츰 빠져들기 시작한다.

하지만 한 번 빠져들어 헤어나지 못하는 일부의 한국 유학생들이 있다.

공부보다는 음주가무를 좋아하는 학생이라면 카지노라는 유혹의 덫을 빠져 나가기 힘들다.

바로 한 방만 제대로 맞아주면 큰돈을 딸 수 있다는 유혹에서 헤어나지 못하기 때문이다.

유학생활을 할 때 유학비를 카지노에서 탕진해 식당 알바를 하면서 생활하는 여학생을 봤다. 그녀는 카지노에서 큰돈을 따본 적이 있다고 했다.

이렇듯 처음 카지노에 가서 큰돈을 따본 경험이 있는 사람일수록 카지노의 유혹은 빠져나오기가 힘들다. 또 딸 수 있을 거라는 희망이 있기 때문이다.

바로 그 희망 때문에 사람들은 돈을 탕진하며 유학생활과 이민생활을 망치게 되는 것이다.

 warning
도박은 영혼을 병들게 만드는 폐인 게임이다.

"외국인도 놀라는" 4번째 비법

크게 소리 내지마
Don't speak loudly

◆◆◆

절대로 절대로 크게 소리 내어 읽지 마라.

무조건 오래 가지 못하고 무조건 중도에 포기하게 될 것이다.

우리나라는 30년 전부터 영어를 잘하려면 큰소리로 따라 읽으라고 했다.

교과서에서, 심지어 문법책에도 나와 있는 내용이다. 그런데 그렇게 가르치는 선생님들조차 영어를 잘하지 못해 학교에서 원어민 교사를 채용하는 웃기는 상황이 벌어지고 있다.

하지만 더 웃기는 반전이 일어났다. 아래는 2011년 12월 9일자 뉴스 내용이다.

2014년까지 서울시내 초·중·고등학교의 원어민 교사들이 모두 해
고될 것으로 보입니다. 서울시 관계자는 교육적인 면에서 원어민 교사
보다 영어가 유창한 한국인 교사를 더 선호하는 경향이 있다고 말했
습니다.
　내년에는 원어민 교사 인건비 예산이 300억에서 49억 원이 삭감되
면서 전체 원어민 교사 1,245명 중 57%인 707명이 학교를 떠날 것으
로 보입니다.

　그런데 아직까지도 우리 학생들의 영어실력은 형편이 없다.
　원어민조차 영어공교육에 무릎을 꿇고 자기 나라로 돌아가게 만
드는 강력한 힘. 이것을 나는 강력한 블랙홀이라 부르고 싶다.
　원어민까지도 필요 없는 우리나라의 영어 공교육은 무서운 블랙
홀인 것이다.
　30년 전부터 영어책은 항상 같은 말을 반복해왔다. 큰소리로 따
라 읽으면 영어를 잘한다고……

　그러나 그렇게 영어를 배운 우리나라에서 영어를 잘하는 사람은
극히 드물다.
　직업이 영어선생님인 사람을 제외하면 몇몇 사람들만이 잘하는
언어라는 슬픈 현실이다. 영어선생님은 영어를 잘 해야 한다. 직업
이기 때문에 반드시 잘 해야 된다. 그런 사람들을 제외하면 소수의
사람들만이 영어를 잘하고 그것이 그들만이 가진 특권처럼 느껴지

게 된다.

하지만 나는 방법과 습관이 모든 것을 결정한다고 생각하는 사람이다.

그렇다면 왜 큰소리로 따라 읽는 것이 안 좋은 습관이라는 것일까?

큰소리로 읽는 것은 언어를 처음 접하는 2살 정도의 어린 아기들이 하는 것이다. 그 아기들이 단순한 음을 하나의 의미 있는 단어로 전달하기 위한 옹알이를 하는 단계라고 생각하면 되겠다.

우리나라 사람들의 영어수준이 낮은 건 받아들이기 싫은 사실이지만 우리의 지능은 3살이 아니라는 이야기인 것이다.

큰소리로 따라 하면 절대로 오래 가지 못하고 포기하게 될 것이다.

자신의 진짜 모습이 아닌 오버액션은 잠시 학원에서만 이루어질 뿐 학원을 나오자마자 원래의 자기 자신으로 돌아가게 된다.

크게 소리 내지 말고 자신이 가진 원래의 톤(tune)으로 스스로의 귀에 들릴 수 있을 정도로만 이야기하면 충분하다.

크게 따라하게 되면 절대 좋은 발음을 가질 수 없다.

문장을 말하다 보면 전체적인 리듬이 생기기 마련이다. 그 리듬이 생긴다는 것은 단어 하나하나에 강약이 들어간다는 이야기이다.

중요하게 부각되는 단어를 강하게만 읽어주면 자연스럽게 리듬이 생겨난다.

올라가면 내려오는 것이 자연의 법칙인 것이다.

하지만 크게 말하게 되면 모든 단어들을 크게 읽어야 하기 때문에 리듬을 만들 수가 없다. 크게 말하면서 입이 크게 벌어지고 혀의 움직임이 무뎌진다. 꼭 기억하자. 우리는 3살이 아니라 성인인 것이다.

유치원에서 했던 행동들은 절대 성인한테 유쾌할 리가 없다. 단지 영어를 잘하고 싶은 열정으로 비춰질 것이다.

하지만 열정도 재미가 없으면 금방 사라져 버린다.

호주에서 공부하면서 많은 학생들이 큰소리로 말을 따라하는 걸 보곤 했다. 하지만 나를 포함한 대부분의 사람들은 10분 이상 큰소리로 말하는 것이 힘들다.

명심하자! 자기의 귀에 또렷이 들리는 정도의 소리로만 읽어라.

우리가 생활하는 모든 곳에 영어단어가 있다.

습관이 배길 때까지 영어스펠링만 보여도 읽어라. 이것이 바로 영어를 잘할 수 있는 원초적이자 가장 중요한 옹알이 단계라 하면 되겠다.

틀리는 것을 두려워하는 것이 가장 무서운 적이라는 것을 꼭 명심하자.

혼자 소리 내어 읽는 것이 부끄러운가?

우리나라 사람들은 한국말을 혼자 말하고 있으면 이상하게 보지만 영어로 말하고 있으면 똑똑하게 생각하지 절대 이상하게 보지 않는다.

걱정하지 말고 자신의 귀에 들릴 만큼 소리 내어 읽어라.

이런 좋은 환경이 넘쳐나는데 책상 앞에만 앉아서 영어공부를 할 필요는 없다.

외국인을 만나서 이야기를 해야만 영어가 향상된다고 생각하는가?

외국인을 만나서 이야기해야 할 단계와 책상에서 공부해야 할 단계가 따로 있기 때문에 지금은 영어 옹알이 단계만 하면 된다.

어떤가?

영어로 적힌 글자가 얼마나 많은지 보이는가?

틀려도 좋으니 눈에 들어오는 즉시 영어로 읽어라.

그리고 습관화시켜라.

꼭 약속하자. 큰소리로 말하지 말고 그냥 말하자.

그리고 어떤 제품이나 생활 속에서 영어가 적힌 단어나 문장이 나오면 소리를 내면서 읽어주는 것을 반드시 기억해야 할 것이다.

간접적인 옹알이 연습 1단계, 2단계, 3단계를 순서대로 하는 것을 잊어서는 안 된다.

영어공부도 하면서 자신의 꿈을 이루어 나가야 하기 때문에 한 가지 언어를 구사하기 위해서는 소리 내서 읽는 습관부터 만들어

나가야 한다.

만일 당신이 영어강사가 꿈이라면 무조건 자신의 꿈을 향해 몰입하기 바란다. 하지만 다른 꿈을 가진 사람들은 영어공부도 하면서 또 다른 무언가를 준비해야 한다. 영어공부가 성공의 일부분이 될 수 있지만 자기 인생의 전체가 될 수 없기 때문이다.

그 쓰임과 용도를 명확하게 정하고 영어공부를 한다면 훨씬 빨리 당신의 꿈을 이룰 수 있을 것이다.

매일 학원을 다닌다고 해도 영어로 말할 시간이 몇 분 되지 않는다. 처음에는 의욕과 열정으로 덤비지만 나중에는 영어공부가 철저히 자기 혼자만의 싸움이라는 것을 알게 될 것이다.

크게 소리 내지 말고 천천히 옹알이 연습이 필요하다!

기억을 되살려보자. 우리가 엄마라는 말을 할 때까지 얼마나 많은 옹알이를 했는지를……

알아들을 수 있는 영어 말하기
you know what I am saying

◆ ◆ ◆

왜 우리나라 사람은 영어 발음을 엉성하게 하는 것일까?

일단은 우리나라 발음에 없는 입 모양들이 영어에 있기 때문에 발음이 엉성하게 나오는 것일까?

거친 발음과 부드러운 발음의 차이는 무엇을 의미하는 것일까?

우리나라 말은 큰 덩어리로 소리가 나고 영어는 작은 덩어리가 뭉쳐져서 하나의 소리를 만들어낸다.

한국어를 말할 때 자세히 보면 영어보다 문자의 수가 그렇게 많지 않다는 것을 알 수 있다.

ex) **방문=visit 의 단어는** 5개의 영어스펠링으로 이루어져 있지만 한글로는 2개의 문자로 이루어져 소리가 나는 것을 확인할 수 있다.

한글과 영어의 차이점은 여기에서부터 다르다는 것을 인식해야 한다.

ex) father bought bread yesterday
어제 아버지가 빵을 사셨다.

'아버지'라는 단어나 '빵'이라는 단어만 봐도 한글보다 영어스펠링이 많다는 것을 볼 수 있다.

이것들을 언급하는 이유는 큰 덩어리로 만들어내는 소리와 작은 덩어리로 만들어내면 완전히 다른 소리가 난다는 것을 이해해야 하기 때문이다..

영어는 우리나라 말보다 문자들이 많이 결합해서 만들어졌기 때문에 ACCENT라는 것이 있다. 따라서 ACCENT를 다르게 넣으면 다른 의미로 전달될 수도 있다는 것을 명심해야 한다.

이들을 무시하고 영어로 말하면 원어민 친구가 내가 무슨 말을 하고 있는지 알아듣지 못하는 경우가 자주 발생하게 된다.

또한 끊어서 말하기가 이루어지지 않으면 그런 현상이 나타나기도 한다.

해외에 생활하면서 영어로 말을 하는데 외국인은 전혀 무슨 말인지 알아듣지 못하는 경우를 많이 보았다.

발음의 강세와 끊어 말하기를 익히기 위해서는 최대한 영어발음을 많이 따라하고 그것을 기억하여 실행에 옮겨야 한다. 또한 강조하고 싶은 단어나 동사의 의미 전달의 소리가 명확해야 한다.

이렇게 하지 않으면 누구도 알아듣지 못하는 Korean English를 구사하게 될 것이다.

우리는 korean이 아니고 ko**re**an이라고 원어민 선생님이 지적을 했을 때 대수롭지 않게 여겨졌지만 시간이 얼마 지나지 않아 곧 깨달을 수 있었다. 영어단어가 하나일 때는 별로 크게 문제가 되지 않지만 단어가 모여 문장이 될 경우 의사소통에 많은 문제를 초래할 수 있다.

예를 들어 she has changed a lot since the last time I saw her(쉬해즈체인지드어랏 신스더라스트타임아소우헐)라고 발음을 하게 되면 아무리 똑똑한 원어민이라도 전혀 알아듣지 못하고 pardon me? 라고 이야기할 것이다.

이 문제를 해결하기 위한 방법은 **2가지 방법**으로 나눌 수 있다.

첫 번째는 원어민 발음이 들어가 있는 CD를 들으면서 똑같이 따라하는 방법이다.

두 번째는 중요하게 생각되는 명사나 동사를 다른 단어보다 조금 더 크게 읽어주고 한 문장이 끝날 때 마다 반 박자 쉬면서 말하는 것이 가장 기본적인 방법이다.

처음부터 완벽하게 되지는 않는다.

기본적인 것부터 배우고 나중에 좀 더 자세히 비법을 전수해 줄 것이다.

ex) she has changed a lot /

since / the last time / I saw her

영어문장을 읽을 때 강조하고 싶은 명사 또는 동사를 조금 더 크게 말하면 좀 더 쉽게 원어민이 알아듣는다.

1. she **waited** for him **three hours** and eventually he **came**

2.The **price** will **not exceed** $100

3.The **student** was **punished** fortelling **lies**

4.**Can** you **ride** a **horse?**

5.She **insulted** my brother by **saying** he was **fat**

"외국인도 놀라는" 6번째 비법

잠재의식에 간절함을 심어라
PLANT SUBCONSCIOUS EAGER

◆ ◆ ◆

이 책을 읽으면서 해야 할 일은 자기최면을 걸어 나도 할 수 있다는 자신감을 가지고 있어야 한다.

난 대단한 사람이야! 난 무엇이든 할 수 있는 사람이야 라고 외쳐라.

먼저 자신을 믿고 행동으로 옮겨야 모든 일에서 제대로 된 힘을 발휘할 수 있기 때문이다.

한국말을 잘한다면 영어도 잘할 수 있다. 당신 안에 잠자고 있는 무한한 힘을 가진 잠재의식을 깨워라! 그리고 실행에 옮겨라!

실행에 옮기고 결과를 받아들이면 된다.

나의 영어학습법은 무한한 잠재의식의 힘을 영어습득에 적용함으로써 만들어낸 간절한 영어학습법이다. 간절함이야말로 무언가를 성공시킬 수 있는 가능성을 높이고 비록 시행착오라는 벽에 부딪쳐 넘어지더라도 다시 스스로 일어설 수 있는 힘의 원동력이기 때문이다.

거울을 자주 보자. 자기 자신을 사랑하는 일이야말로 진정한 창조의 시작이며 힘의 원천인 것이다.

본인 스스로가 자신이 없다고 느끼는 순간 삶이 재미가 없어진다. 삶이 재미가 없어진다는 이야기는 매일 우울하다는 이야기다. 스스로를 살리고 죽이는 것은 바로 자기 자신이라는 것을 반드시 알아야 할 것이다.

영어를 잘하고 싶은가?

난 당신에게 묻고 싶다. 얼마큼 영어가 여러분에게 간절한가?

사람마다 느끼는 영어의 가치가 다를 수 있지만 잘할 수 있는데 못하는 것과 알고 있으면서 실행에 옮기지 않는다는 것은 큰 차이가 있다.

알고 있으면서 실행에 옮기지 않는다면 영어공부가 필요 없거나 게으른 사람이라는 말이 될 것이다.

이 학습법은 게으른 사람이라도 영어를 충분히 잘할 수 있게 만들어 준다.

우리나라에 살면서 게으른 사람들도 한국어를 잘하지 않는가?

지금 바로 살고 있는 대한민국이 유학을 가지 않고도 영어를 모국어처럼 할 수 있는 환경이라는 것이다.

무슨 말인지 이해가 되지 않는 사람은 이 책의 책장을 넘기면서 하나하나 발견해 나갈 수 있을 것이다. 바로 **"습관과 방법이 가장 중요한 것 이었구나!"**라고 말이다.

당신은 앞으로도 예전의 그대로의 영어실력을 가지고 살아갈 것인가?

글로벌 시대에 영어를 잘하면 많은 이득이 당신에게 생기게 될 것이다. 영어는 곧 가능성이다. 이 책을 읽고 있는 당신은 벌써 1%로의 가능성을 잡은 것이다.

미국의 천재발명가 에디슨은 이렇게 말했다.

"천재는 99%의 노력과 1%의 영감이다."

에디슨의 말처럼 나의 학습법은 수많은 시행착오를 거쳐 만들어낸 방법과 1%의 영감을 이야기하고 있다.

영감이란 바로 간절한 사람에게 주는 신의 축복인 것이다.

어떤 특정 분야의 전문가들은 남들보다 잘하기 위해 엄청난 노력을 했다는 것을 분명히 기억해야 한다. 그 전문가들이 태어날 때부터 잘나서 남들보다 앞서나간 것이 아니라 다른 사람보다 더 많은 노력을 했다는 것이다.

이 책에 나오는 내용을 행동으로 옮기지 않는다면 이 책은 단지 종이 뭉치일 뿐 당신에게 아무런 영향을 주지 못할 것이다.

반면 책을 꼼꼼하게 읽고 꾸준히 실천한다면 책을 다 읽고 난 후에 자신만의 1% 영감이 생겼다는 것을 알 수 있을 것이다. 내가 가르쳐준 방식이 아닌 자신만의 독자적인 공부방식이 또 생겨난다는 것이다. 자신이 가지고 있는 환경과 조건에 따라 공부방식이 조금씩 달라질 수 있다.

그 영감은 다른 사람에게 영향을 미칠 것이고 그 영향은 더욱 커져갈 것이다. 또한 그런 사람이 하나둘 늘어난다면 머지않아 우리나라 사람들 모두가 영어능력자가 되어 있을 것이다.

이 책을 읽고 1%의 영감이 생긴다면 당신도 영어능력자가 될 수 있다. 갓난아이가 '엄마'라는 한 단어를 말하기 위해 얼마나 많은 시행착오를 겪는가. 우리 모두가 이러한 과정을 거쳐 언어를 잘할 수 있게 되었다.

원어민 성인 수준의 영어를 하고 싶은가?

그렇다면 0살부터 무엇을 어떻게 해서 아이들이 모국어를 잘하는지를 알아야 한다.

모국어를 잘한다, 자기나라 말을 잘한다는 것은 자랑이 아니라 당연한 것이라는 것을 우리 모두가 잘 알고 있다. 우리는 한국어를 잘하고 있지 않은가?

어떻게 하면 영어를 잘할 수 있는가를 생각하기 전에 다시 거꾸로 돌아가 우리가 어떻게 한국어를 잘하게 되었는지를 생각하는 것이 더욱 빨리 해답을 찾을 수 있을 것이다. 영어도 한국어처럼 하면 잘할 수 있다.

영어의 점수 위주가 아니라 얼마나 깊은 뿌리를 만드느냐가 근본이 되어야 할 것이다.

우리나라 사람들은 시험 위주의 영어수업에 길들여져 있기 때문이라고 말할 수 있다. 단기간에 빨리 공부해서 좋은 성적을 받으면 영어 잘하는 사람으로 둔갑한다. 토익 고득점자가 외국인이 말을 걸어오면 홍당무가 되는 모습을 많이 보곤 했다. 토익점수와 영어말하기는 확연히 다르기 때문이다.

우리나라 사람들의 급한 성질 때문에 우리나라의 경제도 아주 빠르게 성장했다.

하지만 아쉽게도 언어는 그렇게 해서는 절대로 잘할 수가 없다.

언어를 급하게 먹으면 체하기 때문이다. 음식이 입을 통하지 않고 장으로 바로 간다면 어떤 현상이 생겨날까?

내가 보기에는 겉으로 흉내만 낼 뿐 시험을 위한 내실없는 영어공부를 아직도 많이 하고 있다는 것이다.

원리를 모르고 무조건 따라 하면 많은 허점을 드러낸다는 것이다.

외국 대학을 가기 위해 혹시 '눈 가리고 아웅' 하는 영어를 하고 있지는 않은가? 정작 그런 학생들이 외국 대학에 입학을 했다 하더라도 과연 학우들과 수업을 잘 따라 갈 수 있을까?

깊이가 없는 영어는 결국 오래 가지 못하고 쉽게 바닥을 드러내게 된다.

나는 호주에서 공부하면서 학업을 중도에 포기하고 한국으로 돌아가는 학생들을 수도 없이 많이 봤다.

좋은 영어성적을 내기 위해 요령만 열심히 배우고 있다면 결국 중요한 시점에서 영어란 놈은 당신 뒤통수를 칠 것이다.

스스로에게 물어보자.

여러분은 빨리 먹을 수 있는 인스턴트를 먹는 중인가? 아니면 우리 몸에 필요한 영양가 있는 음식들을 먹고 있는 중인가?

인스턴트만 먹으면 금방은 배가 부를지 몰라도 계속 먹게 되면 반드시 영양부족현상이 생긴다는 것을 절대로 잊어서는 안 된다. 모든 음식을 골고루 먹는 것이 건강에 가장 좋다.

영어도 골고루 균형 있게 먹어야 당신의 뒤통수를 치는 일이 없을 것이다. 언어는 정복하는 것이 아니라 학습을 통해 끊임없이 습득해 나가는 것이다.

이 책에 있는 내용들은 나의 유학생활의 경험을 통해 한국에서도 충분히 외국에서처럼 영어공부를 할 수 있게 만들어 놓은, 한국에서의 영어 유학방법 또는 돈 버는 영어학습법이라고 생각하면 될 것 같다.

이 책을 보면 유학생활에서 낭비할 수 있는 수천만 원의 돈을 아낄 수 있을 것이다.

한국에는 많은 종류의 좋은 영어학습법들이 있다.

나는 이 책을 읽는 당신을 무지하게 괴롭힐 것이다. 당신이 헛되이 보내는 시간을 이용해 영어공부를 시킬 것이다.

간절한 사람만이 나의 학습법에 열광할 것이며 그렇지 않은 사람은 미쳤다고 할지도 모르겠다.

미친 사람(INSANE)=전문가(SPECIALIST)

영어를 잘하는 사람과 못하는 사람의 차이가 뭐라고 생각하는가? 이 책을 읽고 있는 당신에게 묻고 싶다. 그것은 바로

간절함: 반드시 이루고 싶은 절실한 마음이다.

이 책을 쓰면서 벌써 92번째 다시 읽고 고치는 작업을 반복하고 있다. 글자 하나하나에 힘을 불어넣기 위해서이다. 살아 숨 쉬는 글을 적어 독자들의 머릿속에 나의 메시지를 잠재의식 속에 깊이 뿌리내리게 하고 싶기 때문이다.

나는 모든 사람들이 공감하는 책을 쓰는 일에 미쳐있기 때문에 밤을 새면서 글을 쓰는데도 머리가 맑고 상쾌한 기분마저 든다.

당신은 얼마나 영어에 대한 간절함이 있는가? 당신의 영어실력은 영어에 대한 간절함의 차이가 아닐까 하는 생각을 해본다.

무엇인가를 간절히 원했던 사람들은 반드시 그 분야에 고수가 되어 있는 게 성공의 법칙이다. 자기최면에 걸리면 컴퓨터라는 신기한 기계도 만들어낼 수 있다.

라이트 형제는 날아가는 새를 보며 우리도 날고 싶다고 생각했다. 그들이 비행기를 만드는 작업 과정 속에는 반드시 수많은 시행

착오와 실패가 있었을 것이다. 하지만 라이트 형제의 간절함 앞에서 실패는 그냥 단어였을 뿐이었다.

실패라는 단어를 빨리 말해보자!

실패=시팰=시팔=? ?

분명히 들었을 것이다.

그래서 사람들이 뭔가 잘못되었을 때 이런 욕을 하는 것이 아닐까 하는 생각도 해본다.

왜 영어가 간절한가?

◆ ◆ ◆

왜 영어를 잘하고 싶은지 스스로에게 물어보라.

"그냥 잘하고 싶어요!" 라고 말하는 사람은 절대 영어를 잘할 수 없다. 간절한 목표를 가지고 있지 않고 막연히 영어를 잘하고 싶은 마음만 가지고 있는 사람들이기 때문이다.

시험을 잘 치기 위해 공부하는 사람은 보통 단기간에 높은 점수를 얻기 위해 쉬운 요령을 배우려 할 것이다. 시험을 치고 나면 다 잊어버리는 것은 당연한 결과다. 언어는 벼락치기를 용납하지 않는다. 우리는 영어공부에 얼마나 많은 시간을 투자하며 학교생활을 했는가!

영어를 잘하기 위해서는 구체적인 계획이 꼭 필요하다. 내가 영어를 배워서 무엇을 어떻게 활용할 것인가를 곰곰이 생각해야 한다. 막연히 영어를 잘해야겠다는 생각은 당신의 영어실력에 아무런 도움이 되지 못하고 세월만 흘려보내게 할 뿐이다.

목표 없이 영어공부를 하는 것은 허송세월을 보내는 것이라고 충고하고 싶다.

구체적인 계획이란 영어를 어디서 어떻게 사용할 것이냐에 따라 공부를 하는 계획(plan)을 잘 짜야 한다는 것이다,

우리나라 사람들은 영어를 잘하고 싶다는 생각을 누구나 가지고 있다. 나는 이 말이 영어의 중요성을 깨닫고 있지만 행동으로 잘 옮겨지지 않는다는 뜻을 품고 있다고 본다. 어떻게 시작해야 할지를 모르는 것이다.

만일 당신이 슈퍼를 경영하고 있는데 외국인 손님이 많이 와서 영어를 써야하는 상황이 종종 있다고 하자. 사실 이럴 때는 군이 영어를 하지 않아도 되지만 안하는 것보다는 낫기 때문에 3달 정도 노력을 기울이면 큰 문제없이 의사소통을 할 수 있다. 하지만 당신의 생계수단이 영어와 관련된 일이라면 끊임없는 노력이 필요할 것이다. 영어가 바로 경쟁력이기 때문이다.

여기서 꼭 알아야 할 것은 어느 정도 수준의 영어를 얼마만큼 구사하느냐다.

슈퍼에서 사용하는 의사소통 영어를 잘한다고 해서 영어를 잘한다고 말할 수 있을까? 토익 900점짜리가 영어로 말을 못한다고 해서 영어를 못하는 것일까? 그는 단지 말하기와 쓰기를 못하는 것일 뿐이다.

지금 우리나라 사람들은 영어의 4가지 영역을 균형 있게 공부해야 할 필요가 있다.

예전에 원어민 교사를 데리고 치과에 간 적이 있다. 어떤 치과에서는 의사가 능숙하게 영어를 구사했다. 과연 몇 개의 단어가 필요했을까? 자기가 일하는 분야의 의사소통은 생각보다 적은 시간으로도 충분히 잘할 수 있다. 또한 자신이 공부한 영역이 얼마나 넓고 깊은가에 따라 제대로 된 실력을 발휘할 수 있을 것이다.

학원에 있을 때 처음 만난 외국인이 한국말로 **"안녕하세요! 저는 미국에서 온 제임스라고 해요. 만나서 반갑습니다!"**라고 유창하게 말을 걸어서 무척 당황했던 기억이 있다.

한국말을 어떻게 저렇게 잘하지? 그는 나를 긴장하게 만들었다.

하지만 그것이 제임스가 아는 한국말의 전부였다.

제임스는 딱 한국말 3문장만 잘했다.

이렇게 자기가 알고 있는 몇 문장만 잘한다고 해서 한국말을 잘하는 것일까?

깊이가 전혀 없는 한국말!

처음 만났을 때 한국말을 몇 마디 잘한다고 해서 이 사람이 한국말을 잘한다고 섣부른 판단을 하기에는 너무 이르다는 생각을 했다.

몇 개의 문장을 외워서 인사치레를 하기위해 사용하는 초보자가

될 것인지

뿌리 깊은 실력자가 될 것인지는 본인이 가진 간절함의 정도에 달려 있을 것이다,

어디에 어떻게 영어를 사용할 것인지 확실한 계획을 세워서 공부하자.

예전에 TV에 영어 성경책을 줄줄 외우는 아저씨가 나왔다. 성경에 나오는 문장을 그야말로 막힘없이 말하는 것이었다, 다른 것은 한 적이 없고 그냥 외웠다고 한다. 일상적인 회화는 전혀 되지 않았지만 그 아저씨는 10년간 영어 성경책을 외웠다고 한다. 이 분은 단지 성경책을 완전히 외운 사람이다. 이것으로 진정 영어를 잘한다고 할 수 있을까?

언어는 표현수단의 도구이자 지식습득의 도구이다. 언어는 기본적인 의사소통이 기본이 되어야 하고 그리고 난 다음 전문 분야를 공부하는 것이 순서라 하겠다.

근데 내가 왜
영어공부를 해야 해??
목적의식이 없으면
차라리 다른 공부를 하자!

그러므로 당신이 원어민 친구와 의사소통이 된다고 하더라도 영어에 자만을 해서는 안 된다.

자신이 어떤 분야의 영어에 강하고 약한지를 잘 생각하며 공부해야 할 것이다. 단기간에 영어공부를 열심히 해서 시험점수를 잘 받을 수는 있지만 진정한 것은 영어의 깊이와 질을 따져봐야 할 것이다.

당신이 외국 대학으로 입학을 할 예정이라면 영어점수도 중요하지만 입학해서 외국인들과 어울리면서 교수들과도 친하게 지내야만 학점도 잘 받고 학교생활이 재미있어질 것이다. 학교생활을 잘하고 급우들과 친하게 지낼 수 있는 것은 매끄러운 의사소통이 기본적인 힘이 된다는 걸 알아야 한다.

유학 중 수업을 마치고 학교과제를 하는 것은 충분한 시간이 주어지기 때문에 할 수 있지만 대화를 하는 것은 상대방이 기다려주지 않기 때문이다.

일반적으로 유학생활을 할 때 영어를 잘하지 못하면 외국인 학생들보다 주위에 한국인 친구들이 많이 있을 것이고 어울리다 보면 한국말만 하다가 중간에 포기하고 결국 한국으로 돌아간다. 사실 이 정도는 아주 양호한 편이다,

카지노의 화려한 불빛에 대한민국의 순진한 학생들은 돈을 따는 순간 바로 어둠의 늪으로 빠져버린다. 그런 후 온갖 거짓말을 하면서 부모님에게 돈을 보내라고 한다. 나는 그러다 결국 돈을 왕창 잃고 한국으로 돌아가는 학생들을 수도 없이 많이 보았다.

이에 반해 똑똑한 학생들은 자기 자신을 좀 더 혹독하게 다룬다.

여기서 혹독함이란 외국인과 문화와 생활방식을 극복하고 함께 살아가는 것이다. 외국인과 영어로 이야기를 하다보면 답답함을 많이 느낄 수 있다. 심지어는 온몸이 아프고 열이 날지도 모른다. 극도의 스트레스를 견디다 못해 머리가 터질 것 같이 아플 때도 있을 것이다. 꿈도 영어로 된 꿈을 꾸며 집에 당장 돌아가고 싶을 때도 있을 것이다.

유학을 간 친구가 집에 가고 싶지 않다고 이야기한다면 어쩌면 한국인 친구들과 열심히 놀고 있다는 의심도 한 번 해볼 만하다.

생각해보자. 말도 안 통하는 외국인들과 같은 방을 쓰고 먹는 음식과 문화마저 다른 타국 사람들과 같이 산다는 게 정말 즐거운 일일까? 다른 나라의 음식문화와 우리나라 음식문화에 상당한 문화충격(shocking culture)을 받을지도 모른다.

한 마디로 집 나가면 개고생을 돈 주고 한다.

외국에서 생활하면 주거생활을 7가지로 나눌 수 있다.

1. studio: 방 1개, 침대, 소파, 가스레인지, 냉장고

2. one bedroom: 거실, 화장실, 침실 1개, 주방(스튜디오보다는 좀 큼)

3. two bedroom: 침실 2개, 주방, 화장실, 거실, 화장실 1개

4. three bedroom: 침실 3개, 화장실 2개, 주방, 거실

　　　　　　　　(일반적으로 큰 침실에 화장실이 함께 있음)

5. four bedroom: 침실 4개, 화장실 2개, 주방, 거실

6. five bedroom: 침실 5개, 화장실 2개, 주방, 거실

7. share: one room을 다른 사람과 함께 쓰는 것

영어 학교에서 정해주는 집에서 원어민과 함께 생활하는 홈스테이(homestay)가 있고 2인 1실로 외국인과 함께 방에 같은 방을 쓰는 것(share)이 있다. 물론 한국 학생들과 함께 생활하는 경우도 많다,

경제적으로 여유가 있는 학생들은 1인 1실을 쓰지만 사실 영어공부에는 효과가 없다.

share는 원어민보다 다른 타국의 사람들과 같은 방을 쓸 확률이 많다. 영어에 자신이 없는 학생들은 한국인과 share를 하는 경우가 있는데 몸과 마음을 편하게 하고 한국음식을 편하게 먹을 수 있기 때문일 것이다.

그렇지만 당연히 영어공부에는 도움이 안 되는 것이 사실이다. 이 경우 나는 한국에서 공부하는 것과 전혀 차이가 없다고 생각하고 싶다.

외국에 가면 원어민과 세어를 할 거라고 생각하지만 사실 그렇지 않다. 외국으로 공부하러온 타국 사람들과 같은 방을 쓸 확률이 아주 높다.

원어민은 자기 친구들과 함께 같은 방을 쓸려고 하지 타국 사람들과는 대화와 문화적인 차이 때문에 그렇게 좋아하지 않는 것이 사실이다.

중국인이 가장 많고 인도. 일본인. 베트남, 태국, 말레이시아, 유럽, 사우스 아메리카 같은 학생들이 주류를 이룬다. 같은 방을 쓰면서 영어를 공부할 수 있는 좋은 기회를 활용하는 것이다.

처음에는 문화와 음식 차이로 우리나라 김치냄새에 적응 못하는 외국인들도 많고 우리나라 사람들이 다른 나라 음식문화에 놀라는 일도 많다.

외국인들은 김치의 쉰 냄새를 썩는 냄새로 오인하기도 했다. 지금은 한류열풍 때문에 많이 좋아졌지만 10년 전만 해도 그들은 김치냄새를 무척 싫어했다.

하지만 현명한 사람이라면 한국말을 쓰지 않으며 외국인과 어울리려고 노력할 것이다. 많이 답답하지만 그 답답함 때문에 공부를 더 열심히 하는 것도 사실이다. 그래야만 많은 상황에서 쓰는 영어식 표현을 사용할 수 있기 때문이다. 그래서 영어가 간절한 유학생들은 유학기간 동안 한국말을 거의 쓰지 않고 영어에만 몰입한다. 일명 독한 것들이다.

한국 사람들끼리도 영어로 말하고 영어드라마, 뉴스, 팝송까지……. 자기 자신을 혹독하게 영어에 적응시킨다.

처음에는 치통, 두통, 복통을 유발하는 육체적, 정신적인 고통이 오지만 어느 순간 반복을 하다보면 이해라는(paradise) 즉, 1% 영감에 도달하게 된다. 이해했을 때의 성취감이란 이루 말로 표현할 수 없을 정도다.

나는 외국 대학에서 수업을 듣는 한국 학생들이 영어의 간단한 표현조차 알지 못해 헤매는 모습을 많이 보았다. 나조차도 아주 간단한 것에 당황해 내 자신의 무지에 원망을 한 적이 있었다. 하지만 뒤늦게 알았다. 그것은 무지가 아니라 방법과 습관이 틀렸기 때문이였다.

우리가 반드시 해야 할 중요한 것을 하지 않았기 때문이었다. 깊이가 없으면 쉽게 흔들릴 수 있는 나무와도 같은 것이다.

간단한 의사소통을 잘하기를 원한다면 3개월 만에 충분히 할 수 있다. 의사소통이라고 한다면 그렇게 많은 단어와 문형이 사용되지 않는다. 원어민과 일상적인 이야기를 할 뿐 전문적인 지식이 필요한 대화는 하지 않기 때문이다.

만일 당신이 영어강사가 되기를 원한다면 학생들보다 100배 이상의 공부를 해야만 할 것이다. 아마 미친 듯이 공부해야 할 것이다. 그래야만 선생님으로 자격이 생기지 않겠는가!

당신이 공부하고 싶은 영어가 생활용인지 아니면 해외여행용인지 건축이나 세무사 같은 전문 분야용인지를 생각하고 공부한다면 영어 학습 분야의 장이 넓혀질 수도 작아질 수도 있을 것이다.

슈퍼에서 영어를 능숙하게 구사하는 사람이 영어를 잘한다고 말할 수 있을까?

과연 슈퍼에서 사용되는 영어단어가 몇 개나 될까? 생각해본 적이 있는가?

3주면 마스터할 수 있다. 우리도 슈퍼에서는 능통하게 외국인과 대화할 수 있다. 일어나는 상황을 충분히 예상할 수 있기 때문이다.

하지만 2년 이상 긴 유학생활을 꿈꾸고 있다면 한국에서 열심히 준비해서 떠나는 것이 금전적으로 많이 도움을 줄 것이다.

한국에서 영어실력을 쌓아놓으면 그만큼 많은 돈을 절약 할 수 있기 때문이다.

돈은 떠나서 내실 있는 영어실력을 쌓는 것이 가장 근본이 되어야 할 것이다.

여러분이 해외에 있는 대학교를 들어갈 예정이라면 대학에 들어가는 영어점수에 초점을 맞추지 말고 폭넓은 영어표현을 공부해야 한다는 것을 꼭 알아야 할 것이다.

그래야만 학교생활에 잘 적응할 수 있기 때문이다. 어렵게 유학와서 중도에 포기하고 한국으로 돌아가면 정말 부끄럽지 않겠는가!

우린
외계인!!

"외국인도 놀라는" 잡담#

필리핀 아줌마와 원어민 강사,
그들의 차이는 무엇일까?

◆ ◆ ◆

일반적으로 영어를 공부하는 학생들은 성인 수준의 유창한 영어를 구사하고 싶어 한다. 원어민과 유창하게 대화하는 것보다는 그냥 일상적인 대화만 잘하면 좋겠다는 사람들도 많이 봐왔다. 하지만 생각 이상으로 원어민과 일상적인 대화를 하는 것은 쉽지 않다.

우리나라 사람들은 고등학교를 마치고 대학교를 들어가면 영어 공부를 제대로 한 번 해봐야겠다고 결심을 하곤 한다. 여기서 제대로 공부한다는 이야기는 말하기를 잘하고 싶다는 이야기와 일맥상통할 수 있다.

여유가 있는 사람들은 영어를 잘하기 위해 유학이라는 부푼 꿈을 안고 외국으로 나간다. 그러나 유학을 간다고 해도 별반 다를 바가 없다. 이는 내가 비싼 돈을 주고 유학을 가서 제대로 느꼈다. 원어민이 영어를 할 뿐 정작 내가 영어를 못하니 답답한 마음은 한국에서 영어공부를 하는 것과 별반 다를 바가 없었다.

지금 영어학원을 하면서 알고 지내는 미국인 친구들이 몇 명 있다. 그중 한 명은 유치원에서 영어강사로 일하고 있는데 한국에 온 지 2년이 지나도 한국말을 고작 몇 문장밖에 말하지 못한다.

"안녕하세요!", "감사합니다.", "얼마에요?", "잘 먹겠습니다."

이런 종류의 말밖에 하지 못한다.

매일 한국어를 듣는데 그 외에는 전혀 한국말을 못하는 건 정말 신기할 정도다. 2년 동안 한국 사람들과 같이 근무를 하면서 어떻게 한국말을 못할 수 있을까? 하는 생각도 들었다.

그 친구를 살펴보니 우선 듣고 이해하기 위해서는 아는 단어가 있어야 하는데 한국어 단어를 공부하지 않아서 알아듣는 것이 전혀 되지 않았고 기본적으로 알아야 할 문장의 배경지식이 없었다. 단어와 문장의 배경지식이 없기 때문에 말을 알아듣지 못한다는 것이다.

우리나라 사람들은 외국인이 영어로 말을 걸어오면 대충 무슨 뜻인지 알고 있지만 말을 못할 뿐이다. 말을 하려니 목이 꽉 막히는 것 같은 답답한 경험은 누구라도 경험을 했을 것이다.

모르는 단어는 학습을 통하지 않으면 절대로 알 수가 없는 것이다. 이 원어민 친구는 그러한 과정을 거치지 않았기 때문에 한국말을 잘할 수가 없었다.

듣기가 안 되니 말하는 것은 직접습득을 통해서 배우는 단순한 문장들밖에 없었다. 원어민 친구는"안녕하세요!"라고 말하고 나면 그 뒤에 나오는 한국말은 잡음으로 들린다고 했다.

직접습득(Direct-acquisition)이란? 어떤 상황을 반복적으로 겪을 때 사용되는 단어나 문장들을 학습을 통하지 않고 자연스럽게 익혀나가는 것이라고 생각하면 되는데 이해력이 빠르고 순간 판단력이 좋은 사람일수록 빨리 익히는 것은 당연하다. 그래서 한국말을 잘하고 말이 많은 사람일수록 영어가 빨리 향상되는 경향이 있다.

하지만 같은 말을 반복하는데도 이해가 안 되는 것은 문화와 관습이 달라서 이해가 안 되는 부분인 경우가 많다.

내가 호주에 있을 때 재채기를 하면 항상 외국인이 "bless you"라고 했다.

난 왜 그러는지 알 수가 없었다. 그냥 재채기를 하면 저렇게 말하는 줄 알고만 있었다. 나중에 알았던 사실이었지만 외국에서 재채기를 하면 영혼이 빠져나간다고 믿고 있었기 때문에 "God bless you(신의 은총이 너에게 있기를)……"라고 쓴다고 했다.

앞서 말한 원어민 친구 역시 머릿속에 한국의 관습과 문화배경지식이 전혀 없었기 때문에 한국어를 잘할 수가 없었다.

우리나라에서 나이든 어르신들을 처음 만날 때 "식사는 하셨습니까?"이렇게 물을 때 외국인들은 의아해한다. 도무지 이해가 안 간다고 했다. 왜 처음 만나는데 밥을 먹었는지를 궁금해 하냐고 말이다.

그들이 우리나라의 가난했던 보릿고개 시절을 알 리가 없다. 옛

날에는 먹을 것이 없어서 아침을 거르는 사람들이 많았고 그래서 식사는 했냐고 묻는 것이 안부 인사가 되었다고 말해줄 사람이 그 외국인들한테는 없었기 때문이다.

언어는 문화와 관습을 포함하고 있다.

또 다른 놀라운 사실은 **중국인은 영어단어 700개로 의사소통**을 하는 데 문제가 없다는 것이다. 믿기 힘들 수도 있지만 일상생활에서 사용되는 단어들은 사실 그렇게 많지 않다.

지금 당장 하루를 생활하면서 일반적으로 몇 개의 문장을 사용하는지 생각해보자. 직업마다 차이가 있지만 일상생활에서 쓰는 문장을 따지고 보면 정말 신기할 정도로 그다지 많지 않다.

지금 여러분들은 700개의 단어보다 훨씬 많이 알고 있을 것이다.

단어 하나만큼은 누구보다도 뒤쳐지기 싫어하는 한국의 영어교육이 가진 장점인 것이다. 우리나라 학생들은 다른 나라 학생들보다 읽기와 문법이 가장 뛰어나다. 또한 일본 사람들도 문법과 읽기에 대체로 강세를 보인다.

우리나라의 영어교육이 일본식 영어교육과 비슷하다는 것을 그때 깨달았다.

나는 학생들에게 10년 동안 영어를 가르치면서 특이한 점을 발견할 수 있었다.

toilet: 화장실

can: (조동사)~할 수 있다

go: 가다

I: 나는

to: 쪽으로, ~에게

이렇게 영어단어만을 가르치고 난 후 "'영어로 화장실을 가도 되겠습니까?'라는 문장을 만들어보세요!"라고 하면 한 명도 제대로 하는 학생들이 없다는 것이다. 그러나 문장을 3번 정도 불러주고 따라 해보라고 했을 때는 3초도 지나지 않아 금방 할 수 있었다.

이는 교과서에 나와 있는 단어들만 가지고는 절대 말을 할 수가 없다는 것을 뜻한다. 단어만 외워서 말을 하려고 하면 단어만 기억나지 어떻게 말을 할지를 모른다. 단어들을 조합하기 위해서는 생각할 시간이 필요하다.

눈이 머리로 향하고 단어 하나하나를 머릿속에서 *끄집어내기* 시작한다.

단어의 기억과 우리나라말, 영어식 어순이 섞여 머릿속이 스트레스를 견디지 못하고 **포기해 버린다.**"아~~ 머리 아프다."

그렇다고 영어단어를 무시하면서 공부를 하라는 것이 아니다.

간단한 의사표현을 표현할 때는 단어만 알고 있어도 충분한 소통이 가능하기 때문이다.

예를 들어 "난 화장실을 정말 가고 싶어요"라고 말하고 싶을 때는 **"TOILET, TOILET" 하면서 인상만 쓰면 급하다는 표현을 충분히 표현할 수 있다.**

단어만 알고 있어도 해외 여행하는 데 전혀 문제가 되지 않는다. 짧은 영어를 구사하더라도 의사소통에는 아무런 문제가 없기 때문이다.

하지만 단어의 의미를 발견하고 비슷한 문형을 응용하여 문장을 만들어내면 끝도 없이 문장을 만들어 낼 수 있다.

1. Can I have a coffee?

2. Can I have a coke?

3. Can I go home?

4. Can you borrow me some money?

5. Can you give me a piece of advice?

6. Can he do that?

7. Can we play the piano?

8. Can she buy a new car?

9. Can you draw a picture?

문형(SENTENCE PATTERN)과 단어가 만나면 영어가 제대로 힘을 발휘한다. 하지만 이것은 빙산의 일부분일 뿐이다.

이렇게 영어가 쉽게 되었다면 애초부터 우리나라 사람들이 영어 울렁증에 속상해 하지 않았을 것이다. 언어는 공부를 함과 동시에 얼마나 익숙해지느냐에 따라 실력의 차이가 확연히 드러난다.

한국말을 잘하는 필리핀 아줌마와 한국말을 전혀 못하는 미국인 친구의 차이는 누가 먼저 익숙해지느냐의 차이이다. 익숙해진다는 것은 자주 반복한다는 말과 일맥상통한다.

2년 동안 한국에 살면서 제대로 한국말을 구사하지 못하는 원어민 친구를 보면 한국어를 잘해야겠다는 의지가 전혀 없다는 것이

제일 큰 문제점이었다. 아무리 한국어를 쓰는 환경일지라도 자기 의지가 없으면 전혀 늘지가 않는다는 것이다.

그러므로 우리나라 학생들이 외국에 가서 공부하기만 하면 영어가 팍팍 늘겠지 같은 안일한 생각은 애초부터 버리는 것이 좋다. 나는 외국에 있다한들 공부하는 방법과 습관이 다르면 전혀 효과를 볼 수 없다는 말을 몇 번이고 강조하고 싶다.

한국에 있는 원어민들을 보면 단어만 많이 알고 한국말을 할 때 한국어와 영어를 꼭 섞어서 이야기한다. 이런 친구들을 보면 한국에서 영어강사로 일하는 캐나다 친구가 떠오른다. 그는 한국에 1년 정도 살면서 단어는 좀 알고 있는 듯했는데 문장표현력이 현저히 떨어진다. 단어만 말해도 대충 이해는 할 수 있다. 단지 깊은 대화는 한국어로 불가능해보였다.

반면에 또 다른 한 영국인 친구를 보면 한국에 1년 정도 살았지만 나름대로 공부를 해서 한국인과 기본적인 대화는 가능하다. 그렇게 된 데는 한국인 여자 친구의 공이 컸다. 여자 친구와의 소통의 간절함이 있었기 때문이다.

지금 책을 읽고 있는 여러분 역시 얼마나 영어공부를 하느냐가 중요한 게 아니라 얼마나 영어가 나한테 간절한 것인지를 스스로에게 물어야 할 것이다.

반드시 영어를 배워서 어디서 어떻게 사용할 것인지를 가장 우선으로 생각하며 공부해야 한다. 이렇게 되면 비로소 영어공부의 구체적인 계획을 짤 수 있다.

한국어 환경에서 한국말을 못하는 외국인을 보면 외국에서 영어를 못하는 한국인과 다를 것이 별반 없다. 영어권 환경에 있다 하더라도 노력하지 않으면 10년을 살아도 잘할 수 없기 때문이다.

우리 집 근처에 한국으로 시집 온 필리핀 아줌마가 있었는데 그녀는 정말 한국말을 잘했다. 정말 깜짝 놀랄 정도로 경상도 사투리를 유창하게 구사하면서 대화를 하곤 했다. 똑같은 외국인에, 똑같은 2년인데 왜 이렇게 한국어 실력이 차이가 날까?

그 이유는 아주 간단했다.

한국에 살아남기 위한 간절함이었다. 필리핀 아줌마는 한국에서 생활해야 하기 때문에 단어공부도 틈틈이 하고 TV 드라마, 신문을 많이 보았다고 했다. 어려운 한국어를 공부하는 데 이 분도 나름대로 공부하는 방법이 있었는데 그 습관과 방법이 내가 영어공부했던 방법과 매우 유사했다.

남편이 전혀 영어를 구사하지 못하기 때문에 한국에서 살려면 언어가 가장 중요했다고 했다. 한국어를 잘 해야 한다는 간절함과 노력을 얼마나 하느냐에 따라 그에 따른 방법이 체계가 잡힐 수 있었다.

정말 눈만 뜨면 한국어를 공부했다고 했다. 모든 단어와 표현들을 노트에 적어 기록했고, 듣고, 말하고, 매일매일 한국어 습득에 매달렸다. 아줌마의 구수한 경상도 사투리는 한국말을 잘하고 싶은 간절함의 결과였다.

필리핀도 영어를 쓰는 나라이기 때문에 한국식 어순이 어렵다고 한다. 한국말은 끝까지 들어봐야 결론을 알 수 있다고 했다.

예를 들면 "어제 내가 시장에 갈려고 했는데 머리가 아파서 안 갔어"를 영어로 표현하면 "I didn't go to the market because I had headache yesterday"라고 한다

사실 영어보다 한국말이 배우기가 더 어렵다는 것을 여러분은 알고 있을 것이다.

Eagerness !

"외국인도 놀라는" 7번째 비법

영어단어를 잊어버리지 않는 방법

The way of feeling friendly

◆ ◆ ◆

우리는 공부를 하고 잊어버린다. 이것이 가장 최악의 문제점이다.

공부를 하고 입에 익숙해지도록 말을 해야 하는데 아주 쉬운 것만 머릿속에 있고 어려운 것은 없다. 정확하게 말하면 어려운 것이 아니라 자주 보지 않는 단어라고 가볍게 여기고 싶다.

"너 이름이 뭐야?"를 영어로 말하지 못하는 사람은 거의 없을 것이다. 하지만 "동전을 넣으시오"는 영어로 말하지 못하는 사람이 많을 것이다.

'동전을 넣다.'

오락실에서 게임을 한 번이라도 해본 경험이 있는 사람이라면 이 단어를 기억할 것이다.

Insert

아! 이제야 기억이 새록새록 날 것이다.

Can you check the amount?

이 문장이 무엇을 뜻하는지 아는가? 아마 생소할 것이다. 우리나라에서는 보기 힘든 문장이기도 하다. 이는 우리나라의 현금인출기에서 돈이 출금될 때 나오는 "금액을 확인하세요"라는 뜻이다.

외국에서 ATM에서 돈을 뽑을 때 나오는

Can you check the amount? or would you like to check the amount?

여러분들이 모르는 것은 당연한 것이다. 경험하지 못했기 때문에 사용할 리도 없고 공부했을지라도 자주 사용하지 않기 때문에 금방 잊어버리기 십상이다.

영어도 마찬가지다.

어린 시절로 돌아가 기억을 더듬어 보면 한글을 배우기 시작할 때 얼마나 많은 간판에 있는 글자를 읽었던가!

이것은 재미를 통해서 우리생활에 있는 사물들을 인식하고 우리의 생활에 있는 것들을 알아가는 과정이다.

이제부터 영어단어가 보이면 무조건 읽어라.

난 지금도 이 습관을 버리지 않고 있다. 특히 혀를 훈련시키는 데 많은 도움을 준다.

외국인이 말을 걸어오면 갑작스러운 영어회화에 많이 당황하는 게 사실이다.

이 훈련은 영어울렁증을 없애주는 아주 유용한 훈련이다.

특히 학생들이 입는 티셔츠나 옷에 영어가 많이 적혀 있다.

그렇게 읽다보면 정말 황당한 글들이 적혀있는걸 보고 경악을 금치 못한다.

예전에 어떤 후드티를 입고 가는 여자를 본 적이 있는데 그 티에는 아주 큰 글씨로 I am a bitch 라고 적혀 있었다. 너무 놀라서 말을 해주고 싶었지만 혹시나 알고 있으면서 입었을 수도 있으니까 하는 생각에 웃고 지나갔다.

이 문장을 한국어로 번역하면 "나는 암캐다"라는 뜻이다.

왜 이런 옷을 입었을까? 나는 의문이 들었다.

우리나라 사람들은 영어의 중요성을 강조를 많이 하는 반면 영어를 공부라고 생각하는 고정관념 때문에 영어가 늘지 않는다.

지금 자신의 옷에 영어를 찾아 사전으로 검색해본다.

어떤 뜻의 영어가 적혀있는지 해석해보자!

티셔츠에 적힌 영어를 읽으면 정말 웃는 일이 많이 생겨날 것이다.

외국에 있을 때 한 호주인 젊은 청년 하나가 오른팔에 '싫어'라고 문신을 한 것을 보고 정말 많이 웃었던 기억이 난다.

모르는 단어가 있으면 전자사전을 사용해 찾아보는 방법도 아주 좋은 방법이다. **모르는 것을 흘려보내지 않는 습관이 가장 중요하다.**

무엇인가를 잘하기 위해서는 남들보다 다른 노력이 필요할 것이다.

SPECIALIST(전문가)가 되기 위해서는 남들보다 10배 노력을 해야 한다.

여기서 배워야 할 것은 눈에 영어가 보이면 소리 내어 따라 읽어야 한다.

할 수 있겠는가?

그렇다, 너무 간단해서 우리는 충분히 할 수 있다.

아주 오랜 기억을 더듬어 보자. 간판에 있는 글자를 읽어가면서 엄마 저건 뭐하는 곳이야? 하면서 엄마에게 물어보던 그때를 기억하는가?

바로 언어를 배우려면 이정도의 최소한의 노력은 필요하다는 것이다.

우리나라는 정말 영어의 천국이자 영어의 무지에 살고 있다.

우리나라에 모든 장소에 영어가 없는 곳이 없다. 마트에 가도 슈퍼에 가도 reading 교재가 넘쳐난다,

식료품부터 잡화에 이르기까지 READING 교재가 넘쳐 나는 게 사실이다.

하지만 그 누구도 읽는 사람이 없다. 왜냐하면 습관화 되지 않았기 때문이다.

외국에 유학을 가면 좋은 것 중에 하나는 모든 물건이나 생활용품들이 영어로 적혀 있다.

물건을 사다보면 자연스럽게 물건의 영어 명칭을 알게 된다.

물건을 사고 또 사다보면 영어의 명칭을 나도 모르는 사이 알게 된다는 것이다.

이것이 바로 잊어버리지 않는 가장 좋은 방법 즉, 친근감 비법이다.

이제부터 나와 약속하자! 영어로 된 글자가 보이면 무조건 소리 내어 읽어보자!

뜻을 찾기 전에 영어로 소리 내어 읽어 그 단어와 문장에 익숙해지면 된다.

익숙해지고 난후 뜻을 아는 것이 순서가 되어야 할 것이다.

익숙해지지 않고 뜻을 알면 까먹었어요! 가 된다.

익숙해지고 난후 뜻을 알면 기억나요! 로 바뀌는 신기한 현상이 일어난다.

Don't be nag! please

Don't be nag! please

Don't be nag! please

Don't be nag! please

Don't be nag! please

Don't be nag! please

Don't be nag! please

Don't be nag! please

Don't be nag! please

Don't be nag! please

Don't be nag! please

Don't be nag! please

~~~

제발 바가지 좀 긁지 마세요!

최소한 23번을 보고난 후 뜻을 알면 더욱 쉽게 공부할 수 있을 것이다.

눈에 많이 단어를 익힌 후 그 뜻을 알면 쉽게 잊어버리지 않는다.

우리나라 어린이들이 책을 읽으면서 단어의 의미를 다 알고 읽는 아이가 몇 이나 있을까?

어린이들에게 책읽기를 많이 시키는 이유는 어휘력과 표현력이 강해지기 때문이다. 책을 많이 읽은 아이 일수록 표현능력이 무궁무진하다.

그래서 똑똑한 아이들은 책을 많이 읽는다.

영어도 영어책을 많이 읽으면 당연히 좋겠지만 그럴 시간을 따로 준비하는 것보다 식료품 잡화코너에서 영어공부를 공짜로 할 수 있다.

분명히 알아야 할 것은 단어를 머릿속에 익숙하게 만들어 놓고 뜻을 아는 것이 중요하다.

지금 당신 앞에 영자신문이 있다면 어떻게 할 것인가?

신문의 내용을 전부다 읽어내려 갈 것인가? 당연히 아니다. 쉽게 질러버리기 때문에 적당한 센스가 필요하다.

영자신문에는 요령이 있다.

머리기사만 읽어 내려가고 작은 글자는 무시하고 넘어가기 바란다.

우리나라 신문도 하나하나 읽어 내려가면 정말 지겨워서 읽기 싫을 것이다.

영자 신문이든 한국 신문이든 머린 기사만 읽어 내려가도 영어습득에 아주 큰 도움이 될 것이다.

하루에 한 기사 정도만 읽어 내려가면 참 좋을 것이다.

욕심내지 말고 한 단계 한 단계 앞으로 나아가는 것이 가장 중요하다.

이런 습관들이 당신의 영어실력을 깊고 알차게 만들어 줄 것이다.

손에 잡히고 눈에 보이는 것에 영어가 있다면 무조건 따라 읽기 바란다.

다시 한 번 강조한다. 자기 자신에게 들릴 만큼 따라 읽어라.

눈으로 읽고 내려가는 사람은 절대로 영어를 잘할 수 없다.

영어의 악마라 불리는 아주 나쁜 습관(눈으로 읽기)을 버려야 할 것이다.

Throw it away. 버려라! 나쁜 습관을 제발 버려라.

한국어는 능통하지만 영어는 원어민 3살 수준이라는 것을……

다시 한 번 말하자면 당신이 영어스펠링을 보는 순간 무조건 읽어라.

이 습관이 아주 아무것도 아닌 것 같지만 외국인과 마주쳤을 때 전혀 두려워하지 않고 활짝 웃을 수 있는 자신감을 당신에게 선사 할 것이다.

틀려도 상관없다. 맥도날드를 매그도나르도 라고 읽어도 상관없고 막도날드 라고 읽어도 상관없다. T 라는 영어스펠링 하나가 있어도 당신은 소리 내어 읽어야 한다.

거리에 간판, 잡지책에 있는 영어단어들, 커피숍 벽지, 커피 잔, 당신 앞에 앉아있는 사람 옷에도 영어가 적혀있다. 소리 내어 읽어라!

우리나라는 영어리딩교재가 어디든 널려있다.

내가 하고 싶은 말은 얼마든지 실외에서도 무료 영어교재를 가지고 공부할 수 있다는 이야기 인 것이다.

난 외국생활을 하면서 처음 보는 제품의 특징과 용도를 알아보기 위해 영어사전을 찾아 봐야 했다.

적힌 영어문장을 2줄 정도만 해석을 해도 충분히 어떤 용도의 제품인지 알 수 있었다.

물론 우리나라에서도 충분히 그렇게 할 수 있다는 것을 한국에 와서야 깨달았다.

왜냐하면 우리나라는 어디든 영어가 있는 대한민국에 살고 있기 때문이다.

대부분의 제품에 영어단어가 적혀 있어 마음만 먹으면 충분히 공부할 수 있다.

영어단어의 작은 글자를 읽으려 노력하지 말고 큰 글자 위주로 영어단어를 찾으면 훨씬 재미있게 공부 할 수 있다.

당신이 지금 이런 작은 노력들이 얼마나 큰 결과를 가져오는지 절대 알지 못할 것이다. 왜냐하면 한 번도 이렇게 해본 적이 없었기 때문이다.

알고 싶은가?

알고 싶으면 1개월만 꾸준히 해보면 그 성과를 알 수 있을 것이다.

하느냐 하지 않느냐는 여러분의 몫이다. 그러나 당신이 이 책에 있는 대로 실행에 옮긴다면 이 책은 당신에게 삼천만원 이상의 가치를 가져다 줄 것을 믿어 의심치 않는다.

"외국인도 놀라는" 8번째 비법

동사 위주로만 다시 한 달간

◆ ◆ ◆

　외국에서 유학생활을 할 때 느낀 거지만 정신이 이상한 사람들과 거지같은 사람들도 영어를 잘한다. 영어를 모국으로 쓰는 나라에서는 영어를 잘하는 게 당연한 것이다.

　한국에서도 영어를 잘해서 영어강사를 하고 있는 사람들을 보면 그들 역시 인내와 끈기로 영어를 무한반복하는 과정을 거친다. 자신의 귀에 문장 전체가 또렷하게 들릴 때까지 계속된 반복으로 영어문장을 통달한다. 익숙해진 문장이 많으면 많을수록 엄청난 자신감이 생긴다. 그 자신감으로 다른 어려운 문장을 익혀나간다.

　자신이 다 알고 있는 문장이 나왔을 땐 이것쯤이야 하고 비웃으며 이제는 익숙해짐을 떠나 머릿속에 못이 박히게 된다는 것이다.

익숙해진다는 것, 친근해졌다는 것은 영어와 조금 더 가까워졌다는 것이다.

사람이든 동물이든 영어문장이든 반복적으로 보면 자신의 머리에 결국 각인되기에 이른다.

예를 들어 한글타자를 연습할 때를 생각해보자. 처음에는 하나하나 쳐다보면서 타이핑을 치지만 어느 순간 익숙해져버린다. 익숙해지면 생각과 동시에 문장을 적을 수 있다.

즉, 영어도 같은 문장을 반복함으로써 생각과 동시에 입에서 나올 수 있도록 연습해야 한다. 생각과 동시에 그 문장이 나올 수 있을 때까지 반복하는 것이 가장 중요하다.

똑같은 말을 계속하는 이유는 그만큼 중요하기 때문이다. 언어는 공부가 아니라 익숙해짐으로써 당신의 것으로 만들 수 있다. 익숙해지고 나면 당신이 가지고 있는 또 다른 문형과 단어들이 만나 자신의 독창적인 문장을 만들어 낼 것이다. 익숙해지고 나면 당신은 무한한 자신감을 가지게 될 것이다.

어린아이가 책을 많이 읽어야 한다는 것도 말의 표현능력을 향상시키기 위해서이다. 책을 읽은 내용을 전달함과 동시에 자신의 의견을 함께 결합할 수 있는 것이다,

옹알거리든지 중얼거리든지 우리가 막상 이야기할 때는 우리가 말하고자 하는 것을 영어로 표현하는 것이 쉽지 않다. 듣는 것은 좀 되는데 왜 말로 안 나올까?

그 이유는 철저한 연습부족과 상황연습부족 때문이다. 영어식

표현과 우리가 사용하고 있는 영어단어와 부합이 되어야만 제대로 의미를 상대방에게 전달할 수 있는데 갑자기 외국인이 나타나 무엇인가를 물으면 당황하는 것이 당연하다.

영어로 말하는 상황연습부족과 영어단어의 부족과 영어식 표현 부족이 문제점으로 발생할 것이다.

머릿속에 떠오르는 단어를 막 말하는 것도 좋지만 상황글쓰기를 한다면 훨씬 쉽게 외국인과 접근할 수 있을 것이다,

글쓰기를 하다 보면 말을 조리 있게 하는 방법을 배울 수 있다. 즉, 말하는 요령을 **글쓰기**를 통해서 향상시킬 수 있다.

자신의 뜻하는 바와 다르게 전달되고 외국인과 소통이 제대로 이루어지지 않는다면 당신의 영어실력을 진단해 볼 필요가 있다.

자신이 가장 많이 사용하는 동사 위주로 영영사전을 찾아 적어 보자. 영영사전에 나오는 예문은 영어식 표현을 배울 수 있는 아주 좋은 길잡이다.

지금부터 일상생활에 많이 사용되는 100개의 동사를 정리해보자! 내가 적어주는 것이 아니라 여러분이 정리하라는 이야기다. 사람마다 직업에 따라 나이에 따라 자주 사용하는 단어와 문장이 다르기 때문이다.

ex) eat eat eat

ex) go go go

ex) wash wash wash

ex) look look look

ex) teach teach teach……

1번째. 한 달 동안 어떤 동사를 사용하는지 판단하고 종이에 적어
보자!

2번째. 하나의 동사를 사용해 각각 다른 문장을 만드는 연습을 해
보자!

3번째. 매일 아침에 일어나자마자 하나의 동사를 사용해 5개의 다
른 문장을 만들어보자.

ex) I eat fried rice every day

ex) she eats apples

ex) he eats a peach

ex) we ate pork with steam rice

ex) you eat kimchi every day

원어민은 일어나자마자 영어를 사용한다!

"외국인도 놀라는" 0번째 비법

나를 활용한 H·A·M 학습법

◆ ◆ ◆

　지구에서 당신이 없어질 때까지 항상 당신과 함께 있는 사람이 누구라고 생각하는가?

　죽을 때까지 당신과 함께 있는 사람은 바로 당신 자신이다.

　바로 여러분 자신이 자투리 시간을 어떻게 보내느냐에 따라 스스로를 훌륭하게 만들 수도 있고 초라하게 만들 수도 있을 것이다. 이 방법은 가장 효과적인 방법 중 하나이다.

　이 방법을 잘 활용하면 여러분이 영어에 쏟아 붓는 시간을 절약하게 될 것이다.

유학을 가기 전에 이 방법을 사용한다면 수천만 원의 돈을 절약할 것이며 외국인 울렁증이 있는 사람이면 울렁증 또한 치료가 될 것이다.

행동을 하기 전에 자신한테 먼저 물어보라. 묻고 난 후 영어로 생각해보자. 화장실을 가든 물을 먹든 음식을 먹든 자기 자신에게 물어라.

일반적으로 영어공부를 열심히 한 사람은 금방 이해하지만 처음 배우는 사람들은 이 방법이 생소할 것이다.

내가 가르치는 많은 학생들 또한 이 방법으로 영어실력이 많이 향상되었다.

외국에 나가면 많은 학생들이 이 방법을 사용한다. 하지만 자기 자신한테 what am I doing?이라고 물으면 뭔가 재미도 없을뿐더러 금방 질려버린다. 오래 가지 못하고 바로 싫증나기 마련이다. 그 효과를 보기 전에 재미가 없어 그만두는 사람들이 대부분이다.

하지만 내가 만든 H·A·M 학습법은 아주 혁신적이고 진취적이며 무엇을 생각하든 그이상이 될 것이다.

H·A·M(habit of asking myself)

나보다 체계적이고 효과적인 방법을 만들어낸 사람은 보기 드물 것이다.

그럼 본론으로 들어가 보겠다.

예를 들어 자신의 이름이 성일이면 자신의 또 다른 이름을 반드시 만들어야 한다. 영어 이름이면 더욱 더 좋다. 즉, 본인의 이름과 steve 이렇게 둘로 만들어지는 것이다. 결국 한 사람이지만 나중에 이 책을 읽고 난 후 성일이와 steve는 아주 친한 사이가 되어 있을 것이다.

예를 들면

나: Where are you going? steve.

　　스티브, 너 지금 어디 가니?

나: well…… I am going to the internet cafe.

　　음. 나 피시방 가고 있어.

영어에서 가장 많이 쓰는 단어가 무엇인지 아는가?

너(YOU)라는 단어이다. what am I doing?으로 묻는 것과 what are you doing?으로 묻는 것은 아주 큰 차이가 있다.

'내가 지금 뭐하고 있니?'는 쉽게 질려서 오래 쓰지 못한다. '너 지금 뭐하고 있니?'는 상당히 우리들에게 익숙해져 있고 친숙하게 들리기 때문에 오래 갈 수 있다. 그리고 왜?라고 다시 물어야 할 것이다.

대화를 이어주는 매개체이기 때문이다.

WHY?

WHY?

WHY?

why?라는 의문사를 자주 사용함으로써 입에서 말이 나오게끔 유도해야 한다.

대부분의 한국 사람들은 자신이 영어를 잘 못하기 때문에 영어로 말을 잘할 수 없다고 생각한다. 그것은 잘못된 생각이다. 나는 영어를 많이 사용하지 않기 때문에 잘할 수 없는 것이라고 말해야 한다.

그렇다면 한국인인 내가 한국말을 못할 것이라고 생각한 적이 있는가?

없다. 바로 생각의 차이인 것이다. 그렇다면 한국인은 모국어인 한국말을 완벽하게 구사하는가? 한국말을 할 때 실수하는 것과 같이 영어도 실수하는 것을 당연히 받아들여야 한다.

실수는 하는 것을 두려워하지 않고 자신에게 끝없이 영어로 말을 건다면 일주일 뒤 달라진 또 하나의 나를 발견하게 될 것이다.

자! 지금부터는 H·A·M 학습법에 대한 요령을 설명해 주겠다.

먼저 행동을 하기 전에 당신에게 물어라

What are you doing? steve.

그런 후에 well……을 붙이고 말해야 한다.

이때 Well……은 자신에게 생각할 시간을 주는 것이다.

한국 사람들은 성격이 급해서 외국인이 물으면 바로 영어로 말하려고 하는데 그런 생각이 제대로 된 실력을 발휘하지 못하게 하고 주눅 들게 하는 것이다.

well……을 붙여서 말하면 자신이 무슨 말을 할 것인지를 생각할 시간을 주기 때문에 조금 더 안정된 문장을 만들어 낼 수 있다.

다시 한 번 예를 들어 설명해보겠다.

내 속에 있는 또 다른 나 steve를 외국인이라고 생각하고 말한다.

나: well……. I'm washing my face

나: why?

나: because, my face is dirty.

자~ 영어문장을 만드는 데 어려움이 있었는가?

이것은 초등학교 3학년만 되어도 알 수 있는 정도의 영어회화 수준이다.

여러분이 머릿속에 알고 있는 단어를 우선적으로 활용하는 것이 중요하다. 많은 단어를 알고 있으면 무엇을 하겠는가? 활용하지 못하면 무용지물이다.

처음에는 영어식 표현이 아닌 한국식 표현이 나올 수 있지만 그런 것은 이 과정을 마친 후에 공부할 것이니 전혀 신경을 쓰지 않아도 된다.

매순간 일어나는 상황마다 자신에게 묻고 모르는 단어가 있으면 사전을 찾아보는 방법은 생각 이상의 효과를 볼 수 있다.

나는 외국에서 공부할 때 사전을 항상 들고 다녔다.

우리나라 말로 해석하면 웃기는 단어들도 많았지만 외국에서든 한국에서든 한국어를 영어로 바꾸는 데는 영어사전이 필요한 것이 당연한데 외국에서 모르는 단어를 사전으로 찾는 것과 한국에서 영어로 검색하는 것이 무슨 차이가 있는가?

생각의 전환만 있으면 지금 당신이 있는 이곳이 외국이 될 수 있다!
자신이 모르는 영어 표현들과 영어단어들을 즉석해서 검색하는 좋은 습관이 필요하다.
다시 한 번 해보자!

-What are you doing? steve.
스티브, 무엇을 하고 있니?
-나는 자동차 등록증을 찾고 있습니다.
I'm looking for my vehicle registration.

여기에서 자동차 등록증을 모르면 영어사전을 찾으면 된다.
아주 간단하다.

- why?
-제 차 계기판 위에 올려놓고 싶어서요.
I just want to put it on the instrument board.

이렇게 준수한 문장을 만들면 좋겠지만 밑에 문장처럼 간단히 만들어도 상관이 없다는 이야기다.

put it on the board

(이런 문장도 만들기 힘든 사람들은 영어사전의 힘을 빌리면 된다.)

이것은 개개인의 말발의 차이와 생각의 차이일 것이다. 중요한 것은 의미 전달이기 때문이다.

그리고 기억해야 할 것은 why?다.

와? 와?와?

또 다른 나

Habit of asking myself

언어는 자주 사용해야만 그 효과를 발휘할 수 있다는 것을 잘 알고 있을 것이다. 자꾸 말할 수 있는 기회를 자신에게 제공해 주도록 노력하자. 말할 수 있는 기회는 영어문장을 많이 만들 수 있는 기회이기도 하다. 정확하게 말하는 것보다 얼마큼 자신의 의사를 명확히 표현하는 것이 중요하다.

H·A·M 학습법은 나와 또 다른 나를 만들어낸다는 이야기다.

결국 나와 같이 놀아줄 영어 친구를 내 속에서 만들어낸다는 것이다. 이 방법으로 2개월 이상 하면 생각하는 바가 입에서 술술 나오게 될 것이다. 즉 뇌와 입이 일체가 된 **뇌입일체**의 단계에 이르게 된다는 것이다.

Your brain is strongly linked to your mouth
(입과 뇌가 연결되는 단계)

당신도 자기최면학습에 대한 위대함을 발견하게 될 것이다. 뇌입일체가 된다는 것은 자기최면에 걸렸다는 것과 같은 맥락이다.

하지만 여기에도 규칙이 있고 또 방법이 있다. 보통 그냥 묻고 대답하는 게 전부라고 생각하는 사람이 많지만 내가 만들어낸 학습법은 좀 더 구체적이다.

자기 자신한테 무조건 다시 묻고 대답을 3번 해야 한다.

일반적으로 처음에는 자기가 문장을 만들면 더듬더듬 거리면서 천천히 만들어 나가기 시작한다. 하지만 문장을 완성하고 나면 그

다음 반복할 때는 훨씬 부드럽게 넘어갈 수 있다.

연속적으로 3번 말하고 난후 그리고 5초 후 다시 3번 반복한다.

예를 들어 먼저 물어보자.

what are you doing?

그리고 자신이 무엇을 하고 있는지 생각하고 말해보자.

I…… am…… reading…… abook…….

이렇게 더듬더듬 나왔을 것이다. 그런 다음 한 번 더 반복한다.

I am reading a book.

I am reading a book.

그리고 1, 2, 3, 4, 5가 지나면 3번 연속적으로 반복해서 말하면
된다.

I am reading a book

I am reading a book

I am reading a book

이 방법은 과학적으로 설명할 수 있는 **텔레토비 효과**다.

똑같은 내용을 2번 보게 해서 학습의 효과를 증가시키는 학
습법으로 BBC 방송에서 방영된 영국어린이 프로그램인 텔레
토비를 보고 생각한 것이다.

이렇게 한다면 정말 오래 머릿속에 남는 현상이 생긴다. 한 번 해 보자! 정말 공감하게 될 것이다.

1달 동안 꾸준히 하면 영어가 된다는 자신감이 생길 것이다. 머릿속에 영어문장이 흡착되는 느낌이 들 것이다. 실행에 옮기고 1달이 지나면 효과가 나타나기 시작한다.

난 중요한 약속이 있을 때도 이 방법을 사용한다. 세 번 말하고 5초 후에 다시 3번 말하는 방법은 정말 기억이 오래간다.

일종의 **자기최면효과**인 것이다. 자신의 잠재의식 속에 중요하다는 걸 인식시키는 것 이다.

내일 어떤 약속이 있어 아침 6시쯤에 일어나야겠다 하고 잠자리에 들면 비슷한 시간에 눈이 뜨지는 경험을 누구나 한 번쯤 했을 것이다.

자고 있는 동안 잠재의식을 제대로 활용했기 때문에 이런 경험을 겪을 수 있는 것이다.

사람마다 효과가 조금씩 다르겠지만 이 방법은 분명히 효과가 있다. 잠재의식은 자기 스스로를 믿는 것에서부터 생겨난다는 것을 알아야 할 것이다.

"외국인도 놀라는" 9번째 비법

영어로 문자를 보내라
SEND A TEXT MESSAGE

◆ ◆ ◆

우리가 매일 휴대폰으로 하는 문자. 영어로 주고받은 적이 있는가?

내가 호주에서 공부했을 때는 문자로 원어민 친구들과 매일 영어로 주고받았다. 1달 정도 주고받으니 은근히 공부도 많이 되고 머릿속에 잠자고 있는 단어들도 깨울 수 있어 너무 좋았다. 은근히 공부가 많이 된다는 사실을 알았다.

글쓰기는 회화에 많은 도움을 준다. 글쓰기는 생각하는 시간을 만들어 주며 체계적으로 말을 만들어준다.

영어로 문자를 보내면 글쓰기보다는 시간이 적게 걸리고 말하는 시간보다는 많이 걸린다.

처음에 반복된 문장을 계속 사용하다 보면 조금씩 문장에 살을 붙이는 실력으로 금방 발전할 수 있다.

내가 가르치는 학생들 중에도 이 방법을 실행에 옮기는 학생이 있는데 영어문장을 쓸 때 다른 학생들과 확연히 차이가 났다. 그 학생도 처음에는 한 문장을 적는 데 시간이 좀 걸렸지만 시간이 흐를수록 문장에 대한 자신감이 생겼다고 말했다.

영어로 문자를 주고받으면 처음에는 잘할 수 없지만 자신이 알고 있는 문장과 상대방의 문장을 교환함으로써 영어문장의 배경지식을 교환할 수 있어 많은 도움이 될 것이다. 결과적으로 상황연습훈련(real situation)의 성과를 볼 수 있다. 따로 시간을 내어서 책상 앞에 안 앉아도 된다.

나는 외국에서 영어를 잘 못할 때도 친구에게 영어로 문자를 보냈다. 당연한 말이지만 한글이 지원되지 않는 휴대폰이었기 때문이다. 처음에는 쓸 말이 없고 막연했지만 1달을 주고받으니 정말 생각하는 이상의 문장들을 만들고 있었다. 심지어 나 자신도 모른다고 생각했던 문장을 적기도 했다.

문자를 얼마나 많이 보내는 양만큼 자신의 회화 수준도 늘 것이다. 좋아하는 팝송가사를 보내도 상관없다.

중요한 것은 영어공부를 간절히 원하는 친구와 사전 약속을 하고 실행에 옮기는 것이 급선무가 될 것이다.

영어공부를 간절히 원하는 친구들과 문자를 주고받아라.

틀리는 것이 가장 중요하다. 틀리면 그것에 대한 정확한 정보를 찾으려고 할 테니까. ^^

영어 메시지 친구를 만들어라!
딱 1개월만 해봐!

간절함은
당신에게
기적을 줄 것이다.

1번2번3번4번5번의 한국영어

◆ ◆ ◆

지금 우리나라에는 아주 많은 영어 학습법이 있다. 많은 학습법이 있지만 우리나라 사람들의 영어 수준이 낮은 것도 사실이다. 너무 많아서 실행에 옮기려고 하면 많은 시간을 영어에 투자해야 한다는 막막함이 밀려오곤 한다.

서점에 가보면 영어공부를 위해서 만들어 놓은 영어단어장, 문법책, 독해책, 기타 등등 정말 많은 종류의 영어책들이 진열되어있다.

하지만 우리는 항상 고민한다. 어떤 책이 나에게 가장 어울리는 책인지 그리고 유용하게 활용할 수 있는지 신중하게 선택을 한다.

하지만 끝까지 다 공부하지 못하고 책은 책상 어느 구석에 박혀 있다가 소파로 탁자로 옮겨 다니다가 결국 어디 있는지도 모르게 된다. 책의 죽음이다. 읽어주지 않으면 그 책의 생명은 끝난 것과 마찬가지라고 나는 생각한다. 책에는 여러 가지 종류의 책이 있다.

1. 더 이상 읽을 가치가 없는 책.

2. 너무 어려워 읽기가 싫은 책.

3. 처음에는 재밌다가 싫증이 나는 책.

4. 좋은 책인데 재미가 없는 책.

5. 너무 재미있는 책.

난 여러분에게 재미있게 영어를 공부하는 방법을 전달할 수 있기를 간절히 원하고 있다.

책 한 줄, 한 줄의 간절함이 여러분에게 많은 도움이 되었으면 한다.

요즘은 한류의 열풍이 대단한 것 같다. 우리나라 가수들이 해외에 나가서 전 세계를 감동 시키는걸 보면 역시 즐거움을 싫어하는 사람은 아무도 없구나 하는 생각이 든다. 그러다 보니 한국 노래를 따라하고 한국에 관심을 가지게 되고 자연스럽게 한국어를 공부하길 원하는 것이다.

재미있게 공부하기 전에 먼저 우리가 해야 할 일은 우리의 영어 수준이 어느 정도인지를 알아야 한다는 것이다.

항상 성인 수준의 영어회화를 말하고 싶은데 안 되니까 좌절하지 않는가? 좌절하기 이전에 내 진짜 실력이 몇 살인지는 알고 있는가?

현실을 냉정하게 바라보는 태도가 가장 중요하다!

자기 수준도 모르면서 외국 영화나 TV를 하염없이 보고 있지 않는가? 결국 이런 것들은 흉내를 내게 하는 정도 뿐 오래가지 못하고 지쳐서 포기하게 만든다. 그리고는 영어 잘하는 사람들을 부러워하기 시작한다.

영어를 잘하는 고수들은 자기만의 독특한 공부 방식이 있다. 영어능력자들은 차별화된 노하우를 가지고 있다는 이야기다.

우리는 항상 원어민 성인 수준의 영어를 하려고 시도하다가 높은 장벽에 부딪혀 좌절해버린다. 5살 수준의 영어도 못하면서 콧대만 한없이 높은 게 사실이다. 자신의 영어수준을 생각하지 않고 막연히 잘하고 싶은 것이다. 그런 어리석은 생각들은 다시 우리를 제자리로 되돌려 놓고 만다. 어렵기 때문에 늘기도 전에 금방 지쳐버리기 때문이다.

우리가 분명히 알아야 할 것은 단기간에 영어고수가 된다는 것은 더하기 빼기를 제대로 못하는데 "수학을 정말 잘하고 싶어요"라고 말하는 거와 별반 다를 바 없다는 것이다.

5살 원어민 아이와 이야기를 해보았는가?

우리나라 사람들은 어떠한가?

5살? 영어공부로 말하면 5년이다.

우리는 최소한 영어공부를 9년 이상 한다.

그런데 기본적인 표현은 고사하고 내학교를 들어가면 너도나도 유학을 가야 한다고 생각한다. 영어공부를 이제 시작하는 학생 중에 유학이 영어공부의 첫걸음이라 생각하는 사람들이 많이 있을 것이다.

원어민 5살 아이가 표현하는 영어의 수준은 우리가 생각하는 것 이상이다. 5살 아이들은 자기가 표현하고 싶은 모든 것을 말할 수 있다. 원어민인데 당연히 하는 게 정상 아냐? 이렇게 말하는 사람도 있을 것이다. 그럼 우리가 보낸 9년은 무엇인가? 의문이 아닐 수 없다.

난 호주에 도착한 날부터 어린 꼬마에게 말발에서 밀리기 시작했던 것 같다.

영어단어를 많이 안다고 해서 영어를 잘하는 것이 아니라 영어말하기 요령을 알고 있어야 원활한 대화가 이루어질 수 있는 것이다.

영어식 상황훈련이 부족한 우리나라 영어교육은 반드시 보완되어야 한다. 교과서 본문에 있는 내용을 공부해서 시험을 치는 것보다는 특정한 상황을 설정해 회화 위주의 **speaking** 시험을 치는 것이 더 효과적이지 않겠는가?

"외국인도 놀라는" 10번째 비법

자신의 정확한 영어실력을 알자!
나는 몇 살 수준의 영어를 하고 있지?

◆ ◆ ◆

그날은 호주에 도착한 첫날이었다. 난 그날 나의 정확한 영어실력을 깨달았다.

긴 여행에 지쳐 오자마자 침대로 들어가 버렸다. 사실 모든 환경이 낯설었지만 피곤에 지쳐 자고 있는데 어린 아이들이 밖에서 신나게 놀고 있는 소리가 들렸다. 창문 밖으로 어린이들이 놀고 있는 모습이 보기 좋았다. 너무 신기했다. 영화로만 보았지 원어민 아이들이 저렇게 놀고 있는 모습은 한 번도 본 적이 없었다.

갑자기 호기심이 생겼다. 아이들한테 가서 같이 한 번 같이 놀자고 하고 싶다는 생각이 간절히 들었다. 외국 아이들은 무엇을 하고 노는지 궁금했다. 옷을 주섬주섬 입고 내려갔다.

가까이 다가 갈수록 아이들의 경계심이 더욱 커지는 것 같았다. 난 미소를 잃지 않고 'hi ~'라고 이야기 했다.

아무도 나에게 대답해 주지 않았다. 조금 당황했지만 다시 한 번 'hi~'라고 크게 이야기했다. 그때서야 한명의 아이가 "hi"라고 대답해 주었다.

와! 신기하고 재밌었다. 영어를 말하는 것보다 파란 눈의 아이의 눈빛이 너무 좋았다. 어떻게 눈이 저렇게 호수 같을까? 맑고 투명한 호수를 축소한 것 같았다. 난 다시 물었다.

나: what is your name?

근데 그 아이는 대답하지 않고 내게 다시 물었다

아이: what is your name?

나는 잠시 머뭇거렸다. 교과서에서 배운 대로라면 이름을 말해야 되는 게 정상적인 대화의 법칙이었다.

하지만 그 아이는 내가 이방인이라는 생각을 했는지'너 이름부터 말해봐!' 라는 말투로 퉁명스럽게 내 이름을 물었다.

난 잠시 얼굴이 빨개져서 "성일"이라고 말했다. 그 아이는 "pardon(다시 말씀해 주세요)?"이라고 말했다. 정확하게 내 귀에 들어왔다. 난 다시 큰 소리로 '성일'이라고 말했다.

한국식 이름이 익숙지 않은지 몇 번을 따라해본 그 아이는 "okay"라고 말하고는 "tell me about your country?"라고 나에게 다시 물었다. 당황한 나머지 아무 생각이 떠올리지 않아 이렇게 말했다. "beautiful country"

난 그냥 노는 것을 지켜볼 뿐 더 이상 말을 하지 않았다. 솔직히 무슨 말을 해야 할지 몰랐다.

회화 책에 있는 대로 서로 이름을 말하고 반갑다는 인사를 하고 난 후 나에게 우리나라에 대해서 물으니 뭐 딱히 할 말이 없었다. 솔직히 머리가 멍했다. 우리나라에 대해 한 번도 제대로 생각해본 적이 없었기 때문이었다.

우리나라는 어떤 나라인지를 내 자신에게 다시 물었다.

'동해물과 백두산이 마르고 닳도록 하나님이 보우하사 우리나라 만세'인 나라인가? 아니면 '무궁화 삼천리 화려강산 대한사람 대한으로 길이 보전하세' 하는 나라인가?

한국은 어떤 나라인가?
여러분도 생각해보기 바란다.

그러고 나서 내 방으로 돌아왔다.

저녁이 되니 집이 시끄러워지기 시작했다. 난 원어민 집에서 홈스테이를 계약하고 들어왔기 때문에 아침식사와 저녁식사가 방값에 포함되어 있었다. 홈스테이를 선택한 이유는 실전 영어를 많이 배우기 위해서였다.

그 집에는 방이 5개 있었는데 독일, 스위스, 칠레, 나, 주인이 살고 있었다. 주인은 혼자 살고 있는 할머니였는데 나에게 정말 친절하게 잘해 주셨다.

처음으로 외국에서 먹는 저녁식사였다. 배고픔보다 설렘이 더 많았다. 과연 어떤 이야기를 하게 될까?

준비한 것들을 연습해보았다. 누군가 밥 먹으러 오라며 방문을 두드렸고. 나는 부엌으로 가서 앉았다. 다들 나를 반기는 표정이었다.

저녁은 쇠고기 스테이크에 토마토와 야채샐러드가 함께 나왔다.

예상대로 식탁에 앉은 외국인 친구들이 영어로 내게 질문을 하기 시작했다. 더듬더듬 손짓과 발짓을 하면서 말을 했다. 그런데 말이 안 나오니까 손이 더 빨라지는 내 자신을 보고 너무 웃겼다. 이게 말로만 하던 '바디랭귀지'구나 하는 생각이 들었다.

밥이 입으로 들어가는지 코로 들어가는지 모를 정도로 정신없이 먹었다. 40분 정도의 저녁식사가 끝나고 방으로 들어온 나는 내 자신을 보고 웃기 시작했다. 처음이라 그런 것도 있지만 스스로가 완전 바보 같다는 생각이 들었다. 거울에 비친 내 얼굴이 한심했다.

우리나라에서는 최소한 6년 이상의 영어를 배운다. 의문이 아닐 수 없었다. 나의 영어 실력은 너무나도 형편없었다. 간단한 대화 정도는 할 줄 안다고 생각했는데…….

40분의 저녁식사는 나를 개그맨으로 만들기 충분했다.

지금의 난 몇 살 수준의 영어를 하는 걸까?

우리나라 영어교육은 회화보다는 교과서 본문을 읽고 주제를 파악하여 문제는 맞추는 형식으로 구성되어 있다. 이러한 획일적인 방식은 당연히 회화를 못하게 만든다.

회화실력은 없는데 본문을 읽고 해석하는 데 모든 초점을 맞추는 것 같다.

처음부터 그렇게 해왔기 때문에 지금까지 계속 이어져 왔다.

나는 지금 우리나라 영어교육을 비판하기보다 이런 잘못된 영어교육의 문제점을 파악하여 좀 더 좋은 방법을 생각해보았다.

우리나라는 초등학교에서 영어를 시작할 때 영어의 첫걸음인 알파벳부터 순서대로 배운다.

이 과정까지는 좋은 것 같다.

알파벳을 읽고 쓰고 대문자 소문자 phonics 발음 연습을 하고 큰소리로 따라 하고 영어 기초에 최선을 다하며 배운다. 이 과정은 당연히 언어를 배우기 위해서 꼭 필요한 문자를 배우는 과정으로써 꼭 해야 할 과정이다.

스펠링을 배우고 난 후 우리는 무엇을 하는가?

단어를 외운다. 열심히 아주 열심히 누구보다 많이 외운다. 단어와 문법을 많이 공부하는 학생의 성적이 좋다.

하지만 이렇게 단어를 많이 외우는데도 왜 외국인이 나타나면 말을 못하는 벙어리가 될까? 의문이 아닐 수 없었다.

우리나라 사람들은 회화에 엄청난 약점을 가지고 있다. 처음 만난 외국인과 우리나라 사람들의 대화 상황을 지켜보면 외국인의 말의 속도에 주눅이 들어버린다는 것을 알 수 있다.

예를 들어 'where are you going?'이라고 물을 때 천천히 생각하면 충분히 말을 할 수 있지만 머릿속에서만 있지 말해 본 경험이 아주 적기 때문에 속도에 맞추려고 말하려 하니 주눅이 들고 말이 막히는 것이다.

spoken english(대화체)에 우리가 익숙하지 않기 때문이다. 대화체 수업은 없고 교과서 지문 위주의 수업을 중점적으로 시키기 때문이다.

학교의 영어시간은 1과, 2과, 3과, 기타 등등 본문에 나오는 주제를 해석하고 단어를 외우고 영어 시험을 쳐서 본문에 문법적인 문제가 얼마나 중요한지에 초점을 맞춘다. 그런 다음 학교 문제집을 많이 풀어보고 시험을 쳐서 성적이 잘 나오면 선생님이나 부모님, 학생 모두 만족한다.

교과서에도 인사하기, 소개하기, 물건사기 등의 회화가 많이 나오지만 눈으로 보고 그냥 지나갈 뿐 절대 연습하거나 따라하지 않는다. 따라할 필요가 없기 때문이다. 너무 쉬워서 눈으로 보고 지나치고 만다.

우리나라 영어 교육은 말로 하는 교육이 아니라 눈으로 하는 벙어리 영어 교육인 것이다. 눈으로 보고 맞추면 되기 때문에 굳이 소리 내어 따라 할 필요가 없기 때문이다.

예를 들어 다음 중 어법에 맞는 문제를 고르라고 물으면 1번에서 5번 중에 하나를 고르면 되는 것이다. 더 이상도 더 이하도 바라지 않는다.

문제만 맞추면 된다. 소리 내어 말하지 않아도 된다. 얼마나 쉬운가? 답을 다 맞히면 100점! 영어 잘하는 아이로 둔갑해 버린다.

대화에서 맞는 답을 고른다는 것 자체가 웃긴 것 같다. 대화라는 것은 정석이 없기 때문이다. 자기가 느낀 대로 이야기할 뿐.

1번에서 5번을 골라야 하는 문제가 너무 웃긴 이야기이다. 웃기면서 슬픈 현실인 것이다. 이런 영어교육을 위해 비싼 사교육비를 낭비하며 돈을 낭비하고 세월을 낭비한다.

요즘은 학교마다 영어 원어민 선생님이 있어 영어회화 교육의 활기를 보이는 듯 했으나 별다른 효과가 없어 원어민 선생님을 전부 해고한다는 발표가 있었다. 효과가 없다. 즉, 방법과 습관이 잘못되었다는 것은 전혀 생각하지 않는다. 원어민 선생님의 수업방법이 잘못되었다고 생각하면 된다. 그럼 틀린 방법들을 하나하나 고쳐나가 우리 모두가 영어를 잘할 수 있도록 하자.

읽는 수준은 성인 수준이고 말하는 수준은 3살밖에 안 되는 우리나라 영어수준을 하루 빨리 고쳐나가야 한다. 이런 간단한 회화에 머뭇거리는 한국인의 영어실력을 높이는 방법으로는 말을 많이 해보아야 한다.

하지만 누구랑 이야기한단 말인가?

상대도 없고 그렇다고 비싼 돈을 주며 원어민한테 일대일 과외를 할 수도 없고 고민이 아닐 수 없다.

이 책에 내가 보여주는 학습법으로 공부하면 분명히 쉽고 재미있게 자신이 가진 최소한의 것들로 유학비를 아낄 수 있고 영어의 무한한 자신감을 가질 것을 믿어 의심하지 않는다!

호주에 와서 어학원을 다닌 지 2개월이 흘렀다.

그날은 수업을 마치고 영어 과외를 하러 가는 중이었다. language 학교에서 배우는 영어로는 영어 실력을 키울 수가 없었다. 아주 간단한 문법과 그것을 회화로 해보고 수업시간 선생님의 강의를 듣고 그냥 고개만 끄덕일 뿐……. 정작 내가 하고 싶은 말을 하려고 하면 단어만 머릿속에 스쳐 지나갈 뿐 더듬더듬 한 마디씩 하는 게 다였다.

내 옆에는 서울대, 연세대, 학생들이 있었지만 그 학생들의 실력도 별반 다를 바가 없었다. 하지만 유럽 학생들은 영어를 아주 유창하게 사용했다. 대부분이 아주 높은 레벨에서 공부를 하고 있었고 영어를 정말 잘했다. 영어를 잘하는 그 학생들이 너무 부러웠다.

그래서 사설 학원이라도 다녀서 영어의 실력을 키우기 위해서 학원으로 갔다. 하지만 그 학원도 똑같았다. 그냥 고개만 끄덕일 뿐 무슨 말을 하는지는 알겠는데 말을 할 수가 없었다.

이런 답답한 경우는 누구라도 경험했을 것이다. 알아듣는데 말이 안 나와!

답답해 죽겠다. 집으로 돌아오면서 선생님이 영어로 말할 뿐 난 여전히 벙어리였다.

집에 와서 TV를 봤다. 영어 뉴스, 영어 드라마, 영어 영화. 전부다. 영어였다. 영어에 많이 노출하면 영어가 된다고 했다. 하지만 모르는 단어는 모를 뿐 허송세월만 보내는 것 같았다. 영어에 많이 노출만 되어 있을 뿐 결국 혼자 영어를 해결해야만 했다.

TV에 나오는 말을 따라 하는 것도 한계가 있었고 단어 몇 개만 따라할 뿐 한국에서 미국 드라마를 보는 것과 별반 다를 바가 없었다.

6살 어린 아이가 정치에 대한 뉴스를 많이 듣는다고 해서 정치를 잘 이해한다고 한다면 훨씬 이해가 쉽게 될 것이다. 자기가 알고 있는 단어만 들릴 뿐 결코 영어회화에 큰 도움이 되지 못한다는 것이다.

이렇게 해서 영어가 언제 되겠는가? 하는 공허함이 더 커져 갔다.

문제점을 찾아야 해. 문제가 뭘까?

근본적으로 문제점을 해결하지 않으면 절대 영어를 잘할 수 없을 것 같았다. 다음날 학교에서 똑같이 쓰는 'hi~ how are you?'를 쓰면서 했던 말을 또 하고 또 하고 원어민 선생님한테 수업을 듣고 여전히 더듬더듬 한 마디씩 던지는 질문들……. 5년을 있어도 나의 영어실력은 그 자리일 것만 같다는 생각이 들었다.

수업을 마치고 영어 선생님을 찾아가 영어를 어떻게 하면 잘할 수 있냐고 물었다. 그는 집에서 TV를 많이 보라고 하셨다. 단어 많이 외우고 많이 말하고 공부 열심히 하라고 하셨다. 다 맞는 말이다. 하지만 나의 답답한 마음을 해소시켜주지는 못했다. 뭔가 다른 무엇이 필요하다는 생각이 절실히 들었다.

수업을 마치고 6시에 영어 개인과외를 하기 위해 또 학원에 다녔다. 외국에 왔는데 영어 하나 만큼은 누구보다 잘하고 싶은 게 내 소망이었고 영어강사가 되는 게 내 꿈이었기 때문에 무조건 잘해야만 했다.

개인 과외를 하는 영어 선생님은 미국인 흑인 선생님이었는데 눈빛과 말투가 너무 재미있어서 다녔다. 사실 아침에 가는 영어학원이나 별반 다를 바가 없다고 생각했지만 나의 간절함을 채우기 위해서는 나에겐 열심히 해야 한다는 굳은 의지밖에 없었다. 일주일에 두 번 하는 수업이었는데 재밌었다.

하지만 여전히 대충 알아듣겠는데 말을 못하는 게 나의 문제점이었다. 수업을 마친 후 선생님께 또 물어 보았다.

나 : john! how can I improve my english?

john: regular practice can reach good standard of communication of second language!

존의 말은 규칙적으로 매일하면 영어를 잘할 수 있다고 했다. 그는 당연한 말을 아주 진지하게 했다.

'똑같은 말 또 하고 있네! 다 알고 있거든!'

물어봐야 똑같은 이야기를 할뿐 답이 없구나 하고 집으로 돌아오는 길에는 차라리 나 혼자 한국에서 공부하는 게 디 낫겠다는 생각도 들었다. 그리고 나의 영어공부하는 방법이 문제라는 것을 알 수 있었다.

나 혼자 공부 하는 게 낫겠다.

그래! "나한테 내가 물어보자"이렇게 생각했다.

그래서 나에게 'what am I doing?'이라고 말했다.

내가 매일 다른 사람에게 물었던 말이었다.

'what are you doing?'(너 뭐하니?)

가장 흔하고 만만하게 사용하는 말이었다. 이 방법은 외국에서 유학생이 흔히 쓰는 방법이었다.

가장 자주 사용하는 말이 제일 먼저 나왔다. 신기하게도 내가 자신에게 영어로 말하고 있었다. 그냥 답답한 마음에 한 번 나온 말이었는데 왠지 기분이 좋았다. 그래서 다시 한 번 내 자신에게 물었다.

"너 지금 무엇하고 있니?"

"난 집에 가고 있어. 그리고 배가 고파! 피곤해!"

천천히 영어로 말했다. 그냥 일반적으로 사용하는 영어라서 쉽게 입으로 나왔다. 아주 간단한 문장이지만 입에 익숙해지지 않으면 말하는 데 많은 시간이 걸린다.

나는 생각했다. 가장 많이 사용하는 영어문장은 생각을 하지 않고 바로 나왔다. 생각하지 않고 바로 나올 수 있는 것은 익숙해졌기 때문이라는 걸 알았다.

익숙해지고 나면 입과 뇌가 하나가 되는 것을 느낄 것이다. 즉, 뇌입일체 과정을 거치지 않으면 영어회화를 절대 잘할 수 없다.

많은 유학생들이 이 방법을 쓴다. 하지만 오래 못 가서 그냥 안하는 것 같았다. 대화를 할 때 자기가 할 수 있는 한계가 있기 때문에 처음 시작할 때는 좋지만 간단한 문장에 익숙해지면 자신의 영어능력에 한계를 느껴 흥미가 점점 사라지게 되기 때문이다. 또한 자신이 가지고 있는 영어범위의 한계와 능력의 결핍으로 이어지기 때문이기도 하다.

회화를 잘하기 위해서는 반복적인 습관과 단어의 문장실력을 익혀 나아가는 것이 가장 기본이지만 자신에게 묻고 자신이 대답하는 학습방식이 첫 번째로 실행에 옮겨야 할 것이다.

다른 사람 눈치 볼 필요도 없고 나한테 묻고 내가 대답하는 아주 속편한 영어회화였다. 기본적인 것은 누구나 말할 수 있다.

하지만 단어를 생각하고 문법을 생각하고 말의 속도를 내기 위해서는 어느 정도 반복하는 습관이 필요하다는 것이다. 말을 하기 전에 옹알이를 해야 한다.

말의 속도를 익혀 나아가야 한다!

BABBLE =SPEED OF SPEECH
옹알이＝말의 속도

초등학교 교과서에 나오는 현재 진행형 시제를 사용한 '나는 무엇을 하고 있니?' 부터 연습하는 것이 가장 우선이 되어야 할 것이다.

영어회화를 할 때도 자신의 상황과 동떨어진 회화를 반복하더라도 쉽게 머리에 들어오지 않을 것이다.

자신에게 일어나는 상황을 영어회화로 만들어가는 것이 본질적으로 이루어 져야 한다.

말에 속도가 붙어 조금씩 빨라지기 시작할 것이다. 시작과 동시에 하루도 빠지지 말고 연습을 해야 한다. 우리가 한국말을 하듯이 매일 자신에게 일어나는 상황을 영어로 연습하는 습관이 반드시 필요하다.

눈으로 보고 듣는 것에 너무 익숙한 우리나라 사람들이 지금 당장 해야 할 일은 영어로 옹알이를 해야 한다.

처음에는 문법적으로 생각하면서 말하려면 시간도 많이 걸리고 말을 만들어 나갈 때 영어단어를 생각하면서 말해야 하기 때문에 절대로 쉽지 않을 것이다.

일단 첫 번째 내가 무엇을 하고 있는지 내 자신한테 먼저 물어 보는 것이 가장 먼저가 되고 두 번째 내가 사용할 단어들을 연상시켜야 한다. 이정도만 해도 외국에서 3개월 정도 살아야지 할 수 있는 기초적인 생존 영어실력을 쌓을 수 있다. 돈으로 환산하면 천만 원 정도 아낀 셈이다.

1번째 자신한테 묻기→2번째 내가 사용할 단어를 연상시키기

그럼 이제부터 천만 원을 아끼기 위해 열심히 연습해보자.

be+ing(현재진행형)을 사용하여 간단하게 해결할 수 있는 기초적인 문장을 만들어 나갈 것이다. 혼자 있을 때 할 수 있는 최고의 방법이다. 현재진행형은 일반적으로 현재의 움직임을 나타내는 말이므로 다른 문법보다 훨씬 박진감이 있어 회화연습을 하기에 가장 좋다.

지금부터 같이 연습해보자!

what are you doing? 나는 무엇을 하고 있니?
I'm going to home. 나는 집에 가고 있다.

what are you doing?
I'm washing my hair. 나는 머리를 감고 있다.

what are you doing?
I'm reading a book. 나는 책을 읽고 있다.

what are you doing?
I'm writing a letter. 나는 편지를 쓰고 있다.

what are you doing?
I'm watching a film. 난 영화를 보고 있다.

천천히 영어가 입에서 나올 것이다.

서두르지 말고 자신이 하고 있는 상황을 머릿속으로 생각하면서 급하게 하지 말고 천천히 해라. 빨리 안 되고 발음도 좋지 않을 것이다.

이것이 바로 옹알이 단계라고 생각하면 되겠다. 말을 잘하기 위해서는 옹알이 (말의 속도)를 많이 할수록 빨리 잘할 수 있다.

아무도 당신에게 짜증을 내거나 화내는 사람이 없을 것이다.

이 방법은 이런 분들에게 적극 추천해주고 싶다. 영어회화를 하기 위해 아침 일찍 학원에 가는 사람, 시간이 없어 학원에 갈 수 없는 사람, 아무것도 하지 않으면서 영어를 잘하고 싶은 사람, 영어면접을 준비하는 수험생들, 유학은 가고 싶은데 돈이 없어 고민하는 사람, 기타 등등.

기억할 것은 당신 자신에게 말을 많이 걸어 줄수록 당신의 영어 실력은 쭉쭉 올라간다는 것이다.

우리나라에서는 혼자서 한국말을 중얼거리면 저 사람 돌아이 아니냐고 하겠지만 영어로 말하고 있으면 저 사람 영어 잘하네! 라는 칭찬과 부러움을 살수도 있을 것이다.

그러다 외국인을 만나면 "hi ~ WELCOME TO KOREA"라고 말하는 센스도 필요하다.

내 몸의 영어화
Make into english

◆◆◆

내 몸에 있는 모든 신체와 장기들을 영어화시키는 것도 아주 중요한 것이다.

자기신체의 명칭을 한국말로 하지 못하는 우리나라 어린이는 없을 것 이다. 집에서 엄마한테 배우는 가장기본적인 단어들이다.

자기 신체도 영어화시키지 못하는 영어로 외국인과 유창한 대화를 원한다면 너무 웃기지 않는가?

나열하는 모든 것들을 익숙해질 때 까지 영어로 말한다.

일단 우리 얼굴에 있는 것들을 영어화시켜(make them into english) 보자.

먼저 눈부터 정리해보겠다.

eye 눈

eye hole 눈구멍

eye patch 안대

eye lashes 속눈썹

eye ball 눈알

eye brow 눈썹

eye lid 눈꺼풀

a double edged eye lid 쌍꺼풀

eye drop = tear 눈물

Attention plz~

쉿!

눈에 관련된 명칭이 대충 정리되었다.

천천히 따라 읽어 보기 바란다. 뜻을 모르면 영어 사전을 이용하던지 친구한테 물어 보던지 수단과 방법을 가리지 말고 익숙해질 때 까지 말해보기 바란다. 최소한 30번 정도 따라하면 금방 기억이 될 것이다.

지금 나온 단어들 중에 모르는 것이 있다면 우리는 지금 까지 영어를 잘못 공부했다고 자신 있게 이야기할 수 있다. 위에 나온 단어들은 우리나라 4·5살 정도면 누구나 알고 있는 눈에 관련된 명칭이다.

익숙해질 때 까지 연습하고 다시 이 책을 보기 바란다.

이 책을 덮고 나면 30번 이상 반복해라.

아주 유창하게 영어로 말할 수 있을 때 까지 소리 내어 말해야한다.

지금 방에서 TV만 보지 말고 스스로에게 영어로 말해보자. 누가 말했는지 잘 모르겠지만 습관이 바뀌면 행동이 바뀌고 행동이 바뀌면 인생이 바뀐다고 했다.

손가락으로 가리키면서

look at the my eyebrow.

This is my eye lashes

너무 쉽다. 안되면 잘할 때까지 하면 된다. 책을 그냥 읽고 내려가면 읽기만 하고 행동으로 전환시키지 않는 무서운 현상이 종종 벌어진다.

눈에 관한 영어단어들을 유창하게 말할 수 있다면 얼굴에 관한 영어단어들도 충분히 잘할 수 있을 것이다.

nose 코

nostrils 콧구멍

nose bridge 콧대

the wings of the nose 콧방울

a mustache 콧수염

beard 턱수염

cheek 볼

cheek bone 광대뼈

mouth 입

lips 입술

chin 아래턱

freckle 주근깨

dimple 보조개

wrinkles 주름살

forehead 이마

jaw 옆에 있는 턱

double chin 이중 턱

jaw bone 턱뼈

ear 귀

내 얼굴에 있는 모든 명칭들을 영어화시켰다면 간단하게 이야기 해보자.

This is my mustache. 이것은 나의 콧수염이야.

This is my jaw bone. 이것은 나의 턱뼈야.

This is my cheek. 이것은 나의 볼이야.

이런 간단한 문장들을 영어로 만들 수 있어야 한다. 이 과정들을 거치지 않고서는 절대 영어를 잘할 수 없다는 것을 나는 말하고 싶다.

이렇게 계속 강조하는 이유는 잘못된 우리나라 영어공부 습관을 하루아침에 바꿀 수 없기 때문이다. 하지만 바뀌지 않으면 영원히 그대로일 것이다.

머리로 생각하지 말고 입을 열고 말해보자.

모든 신체부위의 단어 명칭을 술술 말할 수 있다면 원어민 3살 정도의 영어실력을 얻을 수 있다.

원어민 3살 정도의 영어실력을 얻기 위해서는 열심히 해야 한다. 일단 신체 부위에 있는 모든 것들을 영어화시키고 그 단어들이 입 속에서 맴돌 때까지 계속 연습해야 할 것이다.

그다음 단계는 자신이 가장 오래 머물고 있는 장소를 영어화시키는 것이다.

일반적으로 내가 머물고 있는 장소부터 영어화시켜야 한다.

내 방에 있는 물건들도 다 모르면서 어려운 단어를 공부하고 있다면 언어를 배우는 순서가 잘못되었다고 말하고 싶다.

기본적인 것을 무시하고서는 절대로 영어를 잘할 수 없다.

이제 내 방에 있는 모든 물건들을 영어화시켜 보자.

조금 전까지는 영어로 내가 적어 주었다. 그럼 지금부터는 이 책을 읽고 있는 당신이 영어로 말해보자.

얼굴의 영어화 ▶ 신체의 영어화 ▶ 내공간의 영어화

"외국인도 놀라는" 12번째 비법

원어민 3살로 돌아가자!

◆ ◆ ◆

아래에 나오는 것은 원어민 3살 아이도 알고 있는 수준의 영어다.
여러분도 알고 있는지 확인해보자!

speak english

* 의자_____   * 가방_____

* 명함_____   * 시계_____

* 탁자_____   * 자 _____

* 거울_____   * 화분_____

* 안경_____
* 슬리퍼_____
* 달력_____
* 천장_____
* 냄비_____
* 음료수_____
* 빵_____
* 비누_____
* 수도꼭지_____
* 향수_____
* 쓰레기통_____
* 선풍기_____
* 신문_____
* 휴대폰_____
* 액자_____
* 담배꽁초_____
* 냉장고_____
* 화장품_____
* 기념품_____
* 정장_____
* 콜라병_____
* 쓰레기_____
* 종아리_____

* 허벅지_____
* 폐_____
* 가슴_____
* 배꼽_____
* 에어컨 _____
* 잡지책_____
* 소설책_____
* 꽃병_____
* 재떨이_____
* 인형_____
* 장난감_____
* 반지_____
* 귀걸이_____
* 저금통_____
* 블라인드_____
* 이솝우화_____
* 담배_____
* 속옷_____
* 바닥_____
* 이불_____
* 베게_____
* 침대_____
* 옷걸이_____

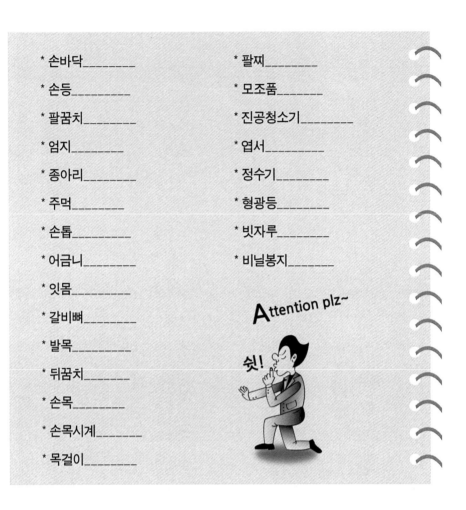

* 손바닥_____
* 손등_____
* 팔꿈치_____
* 엄지_____
* 종아리_____
* 주먹_____
* 손톱_____
* 어금니_____
* 잇몸_____
* 갈비뼈_____
* 발목_____
* 뒤꿈치_____
* 손목_____
* 손목시계_____
* 목걸이_____

* 팔찌_____
* 모조품_____
* 진공청소기_____
* 엽서_____
* 정수기_____
* 형광등_____
* 빗자루_____
* 비닐봉지_____

Attention plz~

쉿!

지금까지 나열한 단어들뿐만 아니라 내 주위에 있는 물건들을 영어로 말할 수 있을 때까지 연습을 해야 한다.

하지만 지금 나오는 영어단어들을 잘 모르겠다면 다시 주위를 살피고 단어들을 체크해보긴 바란다. 회화를 잘하기 위해서는 기본적인 단어들은 무조건 알아야 한다.

원어민 아이들은 엄마에게서 배우지만 우리는 우리나라에 맞는 방식대로 사전을 통해 검색해서 뜻을 알아야 한다.

기본적인 단어들을 습득하는 것은 언어를 가지고 있는 전 세계 사람들이 하는 방식이다. 최소한의 단어들을 외우고 나면 기본적인 대화는 보디랭귀지 로 소통이 가능하다.

다시 한 번 체크 해보자.

내 자신에게 묻고 3초 만에 곧장 회화가 나오는지를 자기 자신에게 테스트를 해보아야 한다.

what are you doing?이라고 묻고 다시 말해보자. 바로 나오는가?

나오지 않는다면 당신의 머릿속에 아직 영어공간이 생기지 않았다는 것이다. 우리는 한국말을 할 때 생각과 동시에 말을 한다. 그것은 우리의 뇌와 입이 하나가 되었기 때문이다.

다시 말하자면 **뇌입일체**라고 하면 되겠다. 뇌입일체는 내가 만든 것인데 그만큼 중요하기에 반복해서 말하는 것이다.

뇌와 입이 일치가 되어서 생각과 동시에 말이 나오는 단계라고 생각하면 되겠다.

만일 당신이 1초 만에 영어로 말을 할 수 있다면 당신은 천만 원 정도를 벌었다. 이정도 이야기를 할 수 있다면 유학에서 3개월 동안 학원에서 배울 수 있는 기초적인 회화를 할 수 있게 되었다고 생각하면 된다. 3달 생활비, 용돈, 학원비, 방값을 포함에서 더 많은 돈을 아꼈을 수도 있다.

외국유학을 가면 금방 영어를 할 수 있다는 생각은 버려야 한다.

단지 외국에 내가 왔다는 것이 내가 영어로 말할 수 있다는 거와는 별개란 이야기 이다.

당신이 정말로 유학을 가지 않고 영어를 간절히 원한다면 얼마큼 시간을 투자하느냐에 달려 있을 것이다. 거기에 좋은 습관과 방법이 함께 한다면 정말 잘할 수 있을 것이다.

많은 걸 하려고 하지 말고 하나를 해도 제대로 말을 해야 한다. 하나의 문장이 완전히 입에 숙달되고 나서 다음 문장을 연습해야 한다.

꼭 명심해야 할 것이다.

단어만 말하지 말고 어떤 상황들을 설정하면서 말해라

이것이 가장 근본적인 것이다.

어떤 상황을 만들어 혼자 노는 데 익숙해져야 한다.

예를 들어

please! open the door?

이렇게 말하고 나서 당신 스스로에게 묻고 당신이 대답해야 한다.

ok! wait a minute

이렇게 자기가 묻고 자신이 대답하는 방식이 가장 자연스럽게 되어야 한다.

주위에 일어나는 상황을 자신에게 영어로 묻고 대답하고

모르는 단어가 있으면 사전을 찾아보자.

요즘은 휴대폰에 전자 사전 기능이 있어 정말 쉽고 빠르게 검색

할 수 있을 것이다.

처음에는 아기가 말하는 것처럼 옹알이하는 수준 정도지만 한 달이 지나면 많이 익숙해져 옹알이보다는 좀 더 높은 수준의 영어를 구사할 것이다.

하지만 그렇게 많은 기대는 하지 마라!

처음에는 문법적인 생각과 영어단어를 함께 생각하므로 시간이 많이 걸린다.

아기가 걷지도 못하는데 어떻게 뛰기를 바라는가!

한 번 더 정리해보자!

◆ ◆ ◆

옹알이 단계. 옹알 옹알 웅얼 웅얼 말을 잘못하는 단계 즉, 말을 배우는 단계를 말한다.

처음부터 잘 하는 척을 하지 말고 천천히 옹알이를 하는 것이 중요하다.

우리 머릿속에 자고 있는 영어단어들과 문장들을 일으켜 세워 입으로 나오게 만들어야 한다.

자투리 시간을 이용하여 충분히 잘할 수 있다.

We have learned english for over 6 years

우리는 최소한 6년 이상 영어를 배웠다.

짧은 문장이 빠른 속도로 익숙해질 때 까지는 30번이 될 수도 있고 70번이 될 수도 있다.

회화를 잘하기 위해서는 이 단계가 가장 중요한 것 같다. what are you doing?부터 익숙해져야 한다. 그래야만 다음 단계로 넘어갈 수 있다.

지금 나오는 문장들을 영어로 묻고 답해보자. 일반적으로 학생들이 이 방법을 쓰다가 그만두곤 하지만 이 방법을 제대로 활용하면 정말 효과를 많이 볼 것이다. 한 달만 연습하면 여러분이 상상하는 이상으로 효과를 얻게 될 것이다.

what are you doing?

(나 지금 뭐하고 있니?)

친구를 기다리고 있어(영어로 말하시오).

+왜 기다리고 있는지 영어로 말하시오.

what are you doing?

귤을 먹고 있어.

+왜?

⇨

what are you doing?

운전을 하고 있어.

+왜?

⇨

what are you doing?

청소를 하고 있어.

+왜?

⇨

what are you doing?

문을 열고 있어.

+왜?

⇨

what are you doing?

가방을 사고 있어.

+왜?

⇨

what are you doing?

바지를 입고 있어.

+왜?

⇨

what are you doing?

잡지를 보고 있어.

+왜?

⇨

what are you doing?

세수하고 있어.

+왜?

⇨

what are you doing?

백화점 가고 있어.

+왜?

⇨

what are you doing?

라면 끊이고 있어.

+왜?

⇨

what are you doing?

노래 부르고 있어.

+왜?

⇨

what are you doing?

신문을 보고 있어.

+왜?

⇨

what are you doing?

쓰레기를 버리고 있어.

+왜?

⇨

what are you doing?
컴퓨터를 하고 있어.
+왜?
⇨

what are you doing?
음료수를 먹고 있어.
+왜?
⇨

　지금 나오는 문장들을 **3초 만에 할 수 없다면** 이 책을 덮고 다시 시작해라. 내 방에 있는 물건을 영어로 말하고 내가 하고 있는 상황을 영어로 물어 3초 만에 대답할 수 있을 때까지 이 책을 덮어두도록 하자.

　금방 생각이 나지 않으면 well······을 먼저 말하고 이야기해도 좋다. 외국인이 선생님도 아니고 묻는 말에 즉각 대답할 필요도 없는 것이다.

　글쎄······ 잠시만, 이라고 말하고 생각하는 센스는 왜 생각이 안 나는 걸까? 우리가 죄를 지은 것도 아닌데 왜 외국인이 묻자마자 대답해야 하는가?

relax~

well······.
외국인이 물으면 바로 대답해야할 의무를 가지고 있는 것은 아니다.

긴장을 풀고 다시 한 번 해보자

예를 들어 what are you doing? steve(자신한테 묻고) 2번 대답하고 5초 후 2번 말해야 한다. 이 룰을 반드시 지키자.

자기 자신한테 묻는 것이 익숙해졌다면 주어를 바꾸어 가면서 연습하는 것도 잊지 말아야 한다.

What is she doing?

what is he doing?

what are you doing?

what are they doing?

원어민: what are you eating?

나: I······ eating······ 음······ rice.

머릿속에 자고 있는 단어들을 깨우고 움직이게 하는 것이 가장 우선일 것이며 나의 영어실력을 향상시키는 필수적인 학습방법일 것이다.

속도를 높이는 훈련도 빠지지 말고 하자!

속도는 문장을 자주 반복함으로써 자연스럽게 빨라질 수 있다.

머리에 익숙해지고 니면 머릿속에 영어식 어순감각이 생겨서 생각함과 동시에 입에서 나오게 될 것이다.

3살 수준을 거치지 않으면 5살이 될 수 없고 10살이 될 수 없다. 원어민 20살 정도의 영어실력을 가지고 싶다면 이 순서를 거치지 않고서는 절대

영어를 잘할 수 없다.

　당연히 어떠한 나라의 언어도 잘할 수 없다는 것을 명심해야 할 것이다. 언어에도 순서가 있기 때문이다. 순서를 무시하면 100년을 해도 못하는 게 언어이기 때문이다. 1 다음에 3이 될 수 없고 10 다음에 20이 될 수 없지 않는가?

　지금 당신은 자신에게 묻고 대답할 수 있는 원어민 3살 정도의 영어 실력을 가지고 있든지 아니면 내 말을 듣지 않고 다음 책장을 넘겼을지도 모른다.

　전자인가? 아님 후자인가?

　읽고 있는 당신이 이 책의 주인공이기 때문에 마음대로 해도 된다.

　책을 다 읽고 따라하든지 시키는 대로 하든지 순서대로 하든지는 이 책의 주인인 여러분이 결정하는 것이지만 내가 이 책을 읽고 있는 여러분이이라면 이왕이면 내가 제안하는 방법대로 할 것이다.

"외국인도 놀라는" 14번째 비법

감정을 불어넣어라
A live english with emotion

◆ ◆ ◆

영어강사 생활을 하면서 매번 경험하고 있는 것은 처음 학원에 들어오는 학생들에게 문장을 읽으라고 시키면 하나같이 똑같은 음으로 읽는다는 것이다. 읽고 있는 학생의 얼굴은 하나같이 굳어 있고 잠자리에서 금방 일어나 웅얼웅얼거리며 잠에 취한 영어를 구사하곤 한다. 듣다 보면 배터리가 다 닳아서 천천히 발음하는 전자사전의 기계음으로 들리곤 한다.

이러한 문제점은 흔히 볼 수 있다. 지금 한 달 동안 공부한 당신에게도 있을 수 있다. 그렇다면 이제 살아있는 문장을 만들기 위해서는 어떻게 해야 하는가? 살아있다? 감정이 들어가 있으면서 문장을 말하기 때문에 살아있는것처럼 들린다는 것이다.

우리가 한국말을 할 때는 정말 살아있는 문장을 한다. 문장을 말할 때 어떤 상황일 때 이 문장을 쓰는지 잘 알고 있기 때문이다.

일반적으로 영어를 공부하는 사람들은 따라하면 살아있는 문장을 말할 수 있다고 말한다. 그리고 영어를 잘할 수 있다고 말한다.

맞는 말이다. 하지만 무조건 따라 했을 때 생겨나는 오류들이 많다. 여기서 우리가 아주 많이 사용하고 있는 okay 를 예를 들어 설명하겠다.

내가 정말 하고 싶어서하는 okay와 내가 정말 하기 싫어서 하는 okay는 확연히 음과 톤이 다르다.

아마 오케이~/음…… 오케이 정도로 볼 수 있을 것 같다.

지금 밖에 날씨가 너무 춥다. 그런데 누군가가 커피 1잔을 당신에게 건넨다.

너무 고마워서 고맙다고 말할 것이다. oh~ thank you~ 이렇게 말이다.

하지만 커피 2잔을 이미 마신 당신에게 커피를 또 준다면 oh~ thanks 또는 I have already had it이라고 말할 것이다.

자신의 감정에 따라서 목소리 톤과 음이 달라지는 걸 느꼈을 것이다.

살아있는 영어를 한다는 것.

즉 자신의 감정을 넣어서 말하면 더욱 생동감 넘치는 영어를 구사할 수 있다는 것이다.

예를 들어 where are you going?이라는 문장이 있다. 여기서 어

146

떤 단어들이 중요하다고 생각되는가? 당연히 **where**과 **going**이다. 그렇지 않은가?

그렇지 않다고 해도 상관없다. 당신이 강조하고 싶은 단어를 골라 큰소리로 말하면 된다. 말하는 당신이 **말의 주인공**이기 때문이다.

일반적으로 말하자면 **where are you going?** 이 두 개의 단어를 크게 읽으면

아주 자연스럽다. 지금 한 번 따라 해보자. 더 빨리 해보자. 더 빨리, 더 빨리! 이제 어떻게 들리는가?

웨~ 고 ~잉? 음이 연결되면서 이렇게 들린다.

원어민처럼 말하기 위해서는 먼저 이것부터가 우선이 되어야 한다.

우리는 영어를 또박또박 천천히 읽다가 그만두지 않는가?

웨알 아유 고잉? 이것도 맞고 위에 것도 맞다.

둘 다 다 맞다. 천천히 말하는 원어민도 있고 중얼거리는 원어민도 있고 빨리 말하는 원어민도 있고 말을 더듬는 원어민도 있다. 목소리와 톤이 사람마다 다르기 때문이다.

중국인이 말하는 영어와 이탈리아인이 말하는 영어는 또 다른 느낌이 난다. 프랑스인은 잘 알아들을 수 없을 정도로 영어를 웅얼웅얼거리면서 말한다.

그 나라 사람들이 원래 가지고 있는 언어와 영어가 만나면 모국어에 많이 익숙해져 있는 사람일수록 영어를 발음하는 것이 많이 힘들 것이다.

개인적으로는 프랑스인이 하는 영어 발음은 정말 알아듣기 힘들다. 혀를 너무 굴려서인지 몇 번을 들어야 알아들을 수 있었다. 알고 나면 우리가 알고 있는 단어와 전혀 다른 발음일 때 허무함을 느끼기도 했다.

이왕 하는 김에 자신감 있게 감정을 함께 넣은 영어를 하면 원어민처럼 영어를 하는 것처럼 들린다.

모든 언어가 그렇듯이 단어들이 연결이 되면 무조건 원래 가지고 있던 단어들의 소리보다 조금 다르게 들린다.

안 녕 하 십 니 까?

이렇게 또박또박 끊어서 말하면 약간 이상한 사람으로 취급할 수도 있을 것이다. 영어도 마찬가지다. 영어단어를 연결하면서 중요하게 생각되는 단어를 다른 단어보다 크게 말하면 된다. 그렇게 하면서 속도를 올리면 자연스럽게 리듬이 생겨난다.

I am doing my homework 암 두잉 마 홈웤

중요하게 생각되는 동사와 명사만 크게 읽어주면서 말의 속도를 높이면 충분히 의사소통을 하는 데 문제가 없을 것이다.

앗!뜨거워 = Oh! IT'S HOT

단어강조는 문장의 리듬을 만들어낸다!

소리의 높낮이를 만들어라
Make volume to speak

◆ ◆ ◆

　원어민은 수준 높은 회화를 원하는 것이 아니라 명확한 자기전달을 하는 대화를 원한다.

　명확한 자기전달을 위해서 나는 단어나 동사에 숫자를 정해서 연습했다. 1, 2, 3, 4 소리의 volume을 정하면 된다.

　강도의 크기란 중요한 단어에 소리를 강하게 읽어주면 된다. 보통 제일 중심이 되는 단어를 가장 강하게 읽고 전치사나 be 동사를 1로 정하고 나머지 단어들은 2 or 3 으로 강약을 주어 읽으면 자연스럽게 물결(wave)을 타기 시작한다.

Smoking can contribute to the pollution
4 1 2 1 1 3

It is hot! 여기에서 중요하게 생각되는 단어는 무엇인가?

당연히 모두가 hot 이라고 이야기할 것이다. 뜨거워! Hot 가장 중요한 단어일 것이다. 그러면 **이츠 핫** 이 되는 것이다.

문장에 가장 중요하게 생각되는 단어를 강하고 크게 읽어주며 동사와 적절한 비율을 맞추면서 해야 자연스럽게 리듬이 생겨 영어회화를 능숙하고 원어민처럼 말할 수 있다.

다 같이 속도를 내면서 강조하고 싶은 단어를 크게 읽어 주면 된다. 같이 함께 해보자.

일반적으로 be동사나 전치사 조동사는 강하게 읽지 않아도 된다.

what are you **doing**?

I am **washing** my **hair**

you are **cleaning** my **room**

he is **talking** about **you**

she is **writing** a **letter**

I am **eating** a **pizza**

자기 자신한테 물으면서 대답하면 영어회화를 하는 데 자신감이 많이 생길 수 있을 것이다. 기초적인 회화를 속도를 내면서 말하고 난 후에 긴 문장을 할 수 있다는 것을 꼭 명심해야 할 것이다.

언어의 수단은 의사소통이다.

자신이 말하는 명사와 동사를 강조했을 때 그리고 그 단어가 상대방에게 들릴 때 마침내 언어의 근본적인 목표를 달성한 것이다.

처음에는 생각을 해야 하므로 말을 천천히 하기 시작하지만 나중에는 뇌와 입이 하나로 연결되어 생각과 동시에 영어로 말을 하기 시작하는 단계를 즉, **뇌입일체**(Link the brain with mouth)라고 한다.

여기서 뇌입일체라는 말은 우리끼리 쓰는 말로 정하자.

나는 영어를 술술 잘 말하는 사람들을 보면 이 뇌입일체가 완성이 되었다고 생각한다. 타자치기를 상상해보라.

하지만 아직도 더듬더듬 거린다면 좀 더 열심히 하면 된다.

우리가 한국어를 하듯이 말이다. 모든 언어에는 반복이라는 것이 무조건적으로 필요하다. 아기가 엄마라는 말을 제대로 발음하기 위해 얼마나 많은 노력을 하는가!

TV를 보면서 함께 따라하는 것도 좋은 방법이지만 처음부터 따라하지만 말고 인칭을 바꾸어 가면 말하는 것도 꼭 잊지 말아야 한다.

자기가 만들지 않고 무조건 따라하는 것은 아주 쉬운 방법이지만 주어를 바꾸면서 이야기하면 좀 더 쉽게 영어문장을 내 것으로 만들 수 있다.

하지만 따라하다 모르는 단어가 나오면 어떻게 극복할 것인가? 무조건 따라하는 것에는 많은 문제점을 발생시킨다. 가만히 생각해보자! 우리 아기들이 어떻게 언어를 배우는지 알고 있을 것이다. 모르는 단어가 나오면 엄마가 설명해주는 것이 첫 번째 순서이다.

받아들이는 아이의 생각은 우리가 알 수 없지만 대부분의 아이들은 단어로 받아들이는 것이 아니라 문장의 덩어리로 영어를 받아들인다. 전체적인 문장의 의미를 이해하려고 할 뿐 단어 하나에 집중하지 않는다. 그래야만 의사소통을 할 수 있기 때문이다.

예를 들면 아이가 엄마한테 물었다.

아이: 엄마! 빚이 뭐야?

엄마: 음…… . 다른 사람에게 돈이나 물건을 빌리고 갚지 않은 것이란다.

이렇게 아이는 빚이란 단어의 뜻을 알았다.

하지만 우리에게는 원어민 엄마가 없지 않는가?

무조건 따라하고 따라 읽으면 쉽게 지치게 된다. 문장을 볼 때 의미를 먼저 파악해서 그 부분을 이해하는 습관이 필요하다.

하지만 지금 우선적으로는 자기가 알고 있는 영어단어에 자신감을 갖고 머릿속에 잠자고 있는 우리의 단어들을 입으로 나올 수 있게 하는 것이 우선이다. 자신한테 묻고 답하는 방식에 익숙해지고 중요한 동사와 명사를 크게 읽어 말에 리듬을 타는 요령을 키우고 이방법이 여러분의 입속에 익숙해지면 나중에 원어민 엄마를 소개시켜주겠다.

그냥 하는 말이 아니라 원어민 엄마를 반드시 소개시켜 줄 것이다.

원어민 6살이 되자

◆ ◆ ◆

자기가 알고 있는 단어와 짧은 문장으로 간단한 자기표현을 할 수 있을 거라 생각한다. 지금 당신은 기본적이고 아주 단순한 3살 정도의 영어실력을 가졌다고 생각하면 된다. 자기가 뭘 하고 있고 무엇을 원한다는 것을 말할 수 있는 정도의 기초적인 영어실력, 자기가 생활하는 작은 공간에서의 의사소통이 가능한 수준이라는 것이다.

이제 6살 정도의 영어를 구사하기 위해서는 또 다른 작은 노력이 필요하다.

또 다른 노력이라 해서 대단한 것은 아니다. 약간의 시간만 있으면 3살에서 6살 정도의 영어실력을 당신도 가질 수 있다. 이제부터는 원어민 엄마가 우리에게 필요하다.

3살까지는 엄마가 말해주는 단어를 듣고 따라함으로써 집안에서 할 수 있는 간단한 회화를 했지만 3살에서 6살 수준으로 올라간다고 하면 3년이라는 시간이 우리에게 필요하다.

6살? 6살이면 자기가 표현하고 싶은 말을 유창하게 하는 정도다. 일상생활을 하는 데 전혀 지장이 없다. 엄마와 쇼핑을 하고 영화도 보면서 궁금한 것도 아주 많고 세상을 알아가는 호기심 많은 나이가 6살이다.

우리가 6년 동안 영어를 공부했지만 자기가 말하고 싶은 표현을 영어로 전부 표현할 수 있는가?

대부분의 사람들이 no라고 말할 것이다.

그렇다면 6살 수준의 영어공부를 하기 위해서는 무엇이 필요할까? 6살은 말에 힘이 생기는 나이 6살. 즉 말발이 생기는 나이이다. 이때 유치원이나 집에서는 많은 책을 읽게 한다. 그래야만 말에 힘이 생기고 말을 잘하게 된다. 책을 많이 읽을수록 친구들도 비슷한 수준의 아이들과 어울리기 시작한다.

책을 많이 읽지 않는 아이와 확연히 차이가 나기 시작하는 나이가 6살이다.

그럼 이제부터 우리도 이 과정을 거쳐야 한다. 그러기 위해서 우리는 원어민 엄마가 들려주는 영어식 표현을 들어야 하며 내가 표현하고 있는 단순한 표현을 넘어서 책을 많이 읽어 문장의 수준을 높여야 한다.

문장의 수준을 높여 20살 원어민 성인들처럼 잘하고 싶지 않은가? 6살 수준의 영어를 할 수 있어야 7살 수준의 영어를 하고 8살 수준의 영어를 할 수 있다.

옆에 원어민 엄마가 있는 사람이 있고 없는 사람이 있을 것이다.

주위를 살펴보라! 원어민 엄마가 당신 옆에 있는가?

없다고 다들 말할 것이다. 난 항상 원어민 엄마가 있어 궁금한 걸 항상 물어본다. 물어볼 때 마다 친절하게 대답해주는 원어민 엄마!

갑자기 무슨 소리를 하는 거냐고 말할 수 있을 것이다. 원어민 아이에게는 원어민 엄마가 있다. 하지만 우리에게도 원어민 엄마가 있다.

호주에 도착한 지 3개월이 지났을 때, 내가 생각해낸 스스로에게 묻고 답하는 학습법으로 유창하지는 않지만 지하철도 마음대로 탈 수 있고 어느 정도 말도 통하고 물건을 사고 간단한 의사 표현도 가능했다.

하지만 이 방법으로 회화를 하는 데 어느 정도 한계가 있었다. 간단한 회화 정도와 간단한 문장을 만드는 건 문제가 되지 않았지만 유창하게 대화를 하기에는 아직 많이 부족했다.

그날은 집으로 가기 위해 지하철을 기다리고 있었다. 4살로 보이는 아이가 지팡이를 쥐고 있는 사람을 보고 무섭다고 엄마의 뒤로 숨었다. 그 아이는 장님을 처음 보는 듯했다. 그때 아이의 엄마가 "괜찮아. 저 사람은 장님이야"라고 말했다. 그 아이는 장님이 뭔지 몰랐는지 "엄마, 장님이 뭐야?"라고 했고 엄마는 다정하게 웃으며 말했다. "장님은 아무것도 볼 수 없는 사람이야."

아이의 엄마가 했던 영어를 다시 생각해보면 아주 간단한 영어문장이었다.

"The person who cannot see anything."

blind = 장님.

이 단어는 누구나 알고 있는 단어다.

하지만 장님을 영어로 설명해보라고 하면 다들 망설이면서 말을 잘하지 못할 것이다. 그리고 맞는 표현인지 아닌지를 정확하게 알 수 없을 것이다.

난 그 아이를 보면서 영어단어의 의미를 단순히 외우는 것이 아니라 영어단어를 영어로 풀어서 다양하게 접할 수 있으면 정말 좋겠다는 생각이 들었다. 이렇게 우리 머릿속에 짧은 문장들을 축적이 되어야 긴 문장을 할 수 있다고 생각했다. 축적된 문장들은 회화를 하는 데 엄청난 도움을 준다.

영어단어의 설명과 함께 영어식 표현방식을 배운다면 우리의 영어실력은 정말 좋아질 것이다. 원어민 엄마가 설명해주는 그 나라만의 고유한 표현 방식 말이다.

우리가 원어민에게 영어로 말해도 원어민이 사용하는 영어식 표현을 사용하지 않으면 영어로 말을 해도 무슨 말인지 잘 이해하지 못한다. 한 마디로 BROKEN ENGLISH가 되는 것이다.

예를 들어 take a break는 무슨 뜻일까? 깨진 걸 가지란 말인가?

그렇다면 take a seat은 자리를 가져가란 말인가? definitely는 언제 사용할까?

이 책을 읽고 있는 여러분에게 묻겠다.

Dark를 영어로 설명해보시오.

Baby를 영어로 설명해보시오.

이 단어가 무슨 뜻인지는 초등학생도 안다. 하지만 이 단어들을 설명해줄 sentence pattern을 모르기 때문에 말을 유창하게 할수 없다.

이러한 간단한 단어를 영어로 설명하지 못한다면 안타깝게도 당신의 영어실력은 형편없다고 말할 수밖에 없다.

그러나 실망하기에는 너무 이르다. 문제가 있으면 방법이 있는 법. 이것을 반드시 해결해야만 영어를 잘할 수 있다.

영어는 한 단어에 많은 의미가 있다. 이런 부분들이 영어공부를 하는 학생들을 많이 힘들게 한다. 그렇지 않은가?

단어만 외워서는 단어의 다양한 쓰임을 절대 알 수가 없을 것이다.

단어의 다양한 뜻과 쓰임을 알고 싶다면 영어식 표현의 문장들을 함께 공부하는 것이 가장 중요하다.

그렇기 때문에 우리에게는 영어를 잘하게 도와주는 원어민 엄마가 옆에 필요하다는 이야기다.

당신은 원어민 엄마가 있는가? 없으면 여러분들은 찾아야 한다. 찾아도 없으면 돈을 주고 사야지 영어가 늘 수 있다.

우리는 엄마를 사야 한다. 갑자기 이 사람이 무슨 이야기를 하는지 궁금한가? 답은 간단하다. 원어민 엄마는 바로 영영사전이다. 어쩌면 엄마보다도 더 친절한 영영사전, 이제부터는 영영사전을 공부하는 방법을 배울 것이다. 영영사전은 영어 성경책이라고 생각하면 된다.

영영사전 = 영어성경책

영영사전을 가지고 있어도 자기 수준에 맞는 영영사전이 있어야 한다. 일반적으로는 가장 쉬운 영영사전이 필요하지만 예문이 많이 들어있는 영어사전 일수록 좋은 점수를 주고 싶다. 영어를 어느 정도 잘하는 사람이라면 자기가 이해할 수 있는 정도의 사전을 사면 된다.

예문이 많이 있는 영영사전이어야만 단어의 쓰임을 정확하게 사용할 수 있다. 이제부터는 딱딱하게 들리는 영영사전이라 부르지 말고 원어민 엄마라 지칭하겠다. 왠지 영영사전이라고 말하면 딱딱하게 들리고 어렵게만 느껴지기 때문이다. 그래서 우리의 잠재의식 속에서 영영사전을 친숙하고 편안하게 바꿔야 한다.

솔직히 말하면 원어민 엄마보다 훨씬 좋다. 짜증내거나 화내지도 않는다. 새벽에 물어봐도 친절히 답해준다.

이런 든든한 엄마가 있는데 영어공부가 두렵다면 스스로가 너무 나약하다고 생각하지 않는가? 저자는 천만 원을 쓰고 난 후에야 이 방법을 알았다. 대한민국 국민들이 유학으로 얼마나 많은 돈을 해외에 낭비하는가? 기본적인 의사소통만 하고 오더라도 2천만 원이라는 돈이 든단다.

이 책에 있는 방법만 제대로 활용한다면 2천만 원을 아낄 뿐 아니라 여러분이 생각하는 이상의 가치를 가져다 줄 것이다.

우리나라 사람들에게 반드시 필요한
문형배경지식 익히기
background of sentence pattern

◆ ◆ ◆

이제부터 아주 쉬운 단어들을 골라 질문을 던져 보겠다. 당신이
얼마나 많은 문형배경 지식을 가지고 있는지 테스트할 것이다.

background of sentence pattern

(B·S·P) 문형배경지식

문형의 배경지식이 없으면 절대로 하기 힘든 부분이다. 다시 말해 우리나라 사람들이 영어를 못하는 근본적인 이유는 B·S·P가 없기 때문이다.

이제부터 B·S·P 시험을 치겠다.

참고로 이 시험은 영어문형배경지식 시험이 되겠다.

세상에서 하나밖에 없는 시험이다. 이 책을 쓰는 내가 만들었기 때문이다.

우리나라에서 이 시험을 치게 된다면 학생들의 영어 실력은 무궁무진하게 발전할 것이라고 생각한다.

20개를 내는데 50점 이하가 나오면 무조건 열심히 해야 된다고 생각하면 되겠다. 90점 이상이 나오면 6살 수준의 원어민 영어실력을 가지고 있다고 평가하면 된다. 우리나라에 살고 있는 어린이라면 충분이 이 단어들을 한국어로 설명할 수 있을 것이다.

먼저 문제를 어떻게 푸는지 보여주겠다. airport를 영어로 설명해보자.

airport-a place that you arrive at or leave from when you are travelling by plane
▶ 비행기로 여행할 때 떠나고 도착하는장소

다음 문제부터는 여러분들이 풀어보기 바란다.

1 child

2 chicken

3 cake

4 breathe

5 article

6 apple

7 believe

8 belt

9 bell

10 bicycle

11 cloudy

Attention plz~

쉿!

12 transparent

13 friend

14 frog

16 pain

17 pan

18 palace

19 pillow

20 airport

시험이 끝났다. 점수는 한 문제에 5점으로 채점하면 되겠다.

앞서 말했던 것처럼 점수의 앞 숫자가 90점 이상 나오면 6살 수준의 영어실력을 가졌다고 보면 된다. 공항은 내가 주는 보너스 점수다.

정답을 보기 전에 우리가 반드시 공부해야 할 어순학습과 문장이 어떻게 이루어지는지를 눈여겨봐야 한다.

중국 사람이 영어를 잘하고 한국인이 일본말을 잘하는 이유도 어순이 같기 때문이다.

child-a young person who is not yet fully grown
어린이, 어린 사람, 아직 다 성장하지 않은

위에 있는 문장을 보면 who라는 관계대명사가 나오고 be동사가 따라 나온다. 어린 사람을 설명하기 위해 관계대명사를 썼다. 사람이 나오면 쓰는 who가 주격이 되어 이루어지는 주격 관계대명사라고 생각하는 순간 당신의 영어는 제자리걸음이 되는 것이다.

그렇게 생각하는 것이 아니라 눈으로 보고 말하고 쓰다 보면 자연스럽게 문장의 구조를 익혀 나 갈수 있다.

이 부분에서 H·A·M 학습법을 이용해야 한다.

즉 공부한 다음 내 자신에게 다시 물어보라는 이야기다.

what is child? steve?

child-a young person who is not yet fully grown

지금 당신도 한 번 만들어 보자. 어려운 것을 하려고만 하지 말고 간단한 것부터 천천히 익혀나가자. 그런 다음 당신의 영어친구에게 물어보자!

chicken-a farm bird that is kept for its meat and eggs

닭-농장의 새계란과 고기를 위해 갇혀져있는

cake-a sweet food made by baking a mixture of flour, butter, sugar

설탕과 밀가루 버터가 혼합되어 구워져 만들어진 달콤한 음식

성인처럼 영어를 잘하고 싶은 당신의 간절함이 클수록 천천히 돌아가야 한다. 언어는 의욕으로만 되는 게 아니라 인내심, 습관, 방법에 기반을 두고 해나가야 한다.

"외국인도 놀라는" 18번째 비법

세종대왕님이 한글을 창제하신 이유
korean is made by sejong

◆ ◆ ◆

세종대왕님은 왜 한글을 창제했을까? 이는 우리나라 말이 중국과 달라 문자와 말의 어순이 서로 달랐기 때문이다.

나랏말싸미 듕귁에 달아 문쫑와로 서르 스뭇디 아니홀씨,
나라의 말이 중국과 달라 문자와 서로 맞지 않아 말과 문자의 어순이 달라
이런 젼츠로 어린 빅셩(百姓)이 니르고져 홅배 이셔도,·
이런 이유로 어리석은 백성이 말하고자 할 것이 있어도
ᄆᆞᄎᆞᆷ내 제 ᄠᅳ들 시러 펴디 몯홇 노미 하니라.
마침내 제 뜻을 알리지 못하는 일이 많다.

내 이룰 윙(爲)ᄒᆞ야 어엿비 너겨 새로 스믈 여 쯩(字)를 밍ᄀᆞ노니

내 이를 위해 불쌍히 여겨 새로 스물여덟 자를 만드니

사ᄅᆞᆷ마다 히여 수비 니겨 날로 ᄡᅮ메 한킈 ᄒᆞ고져 ᄒᆞᆯ ᄯᆞᄅᆞ미니라.

사람마다 하여 쉽게 익혀 매일 써서 편안케 하고자 할 따름이니라.

한글 창제 당시에는 글을 잘 모르는 부녀자들과 어린아이들이 많이 사용했고 한자의 원리를 잘 알고 있는 양반들이나 남자들은 한글을 천시했으며 잘 사용하지 않았다고 한다.

대부분의 사람들이 알고 있듯이 영어와 한자는 어순이 같고 일본어와 한국어도 같은 어순을 쓴다. 중국 사람들이 영어를 잘하는 이유는 어순이 같기 때문이다.

반면에 한국인이 일본어를 배우면 다른 나라 사람들에 비해 놀라운 속도로 빨리 습득한다.

지금까지의 영어교육이 독해와 아리송한 문법 문제를 맞히는 데 중점을 두었다면 이제는 말하기 교육에 중점을 두어야 할 것이다. 지금까지의 방식으로는 우리가 가장 힘들어하는 부분인 어순학습이 제대로 이루어지지 않기 때문이다.

한국어와 영어의 어순 배열은 정말 많은 차이가 난다.

this is modern disease which is called cancer

이것은 암이라 불리는 현재의 질병이다.

너무나도 확연히 다른 어순의 배열과 단어의 배열이 아닐 수 없

다.

이를 해결하기 위해서는 기초적인 영어단어를 찾아 영영사전으로 공부해야 한다. 이 방법은 어순학습에 탁월한 효과가 있다.

대부분의 영어강사들이 영영사전을 사용하라는 이유도 영어식 표현과 영어 어순학습 때문이다.

기억해야 할 것은 영어의 어순학습은 공부가 아니라 익숙해져야 한다는 것을 반드시 알아야 한다는 것이다.

사실 우리나라 말은 영어처럼 혀를 내지 않고 입술을 깨물지 않아도 모든 것을 언어로 표현할 수 있다. 대화를 하면서 상대방에게 혀를 내민다는 것은 상당히 실례가 될 수 있다. 내가 한국인이라서 한글을 자랑하는 것이 아니라 한글은 세계 최고의 언어이다. 가장 쓰기 쉽고 모든 것을 정확하게 표현할 수 있다.

하루에 10분만 자투리 시간을 이용해 영어사전에 있는 문장 3개씩만 노트에 정리해보자.

문장의 구조를 산책해야 해!

10분만 돌아이가 되자
hey~ go crazy

◆ ◆ ◆

영어로 혼자 이야기하는 **돌아이**가 되자!

할 말이 없다고? 왜 할 말이 없는가! 오늘 일어났던 일, 집안이야기도 있고, 친구이야기도 있고, 영화이야기도 있고, 많지 않은가?

그럼 가장 쉬운 것부터 시작해보자. 오늘 아침 먹고 점심 먹고 저녁 먹은 이야기는 어떨까?

자기 전에 10분은 영어로 이야기하고 자야 한다.

꼭 그렇다는 것은 아니지만 자기 전에 영어를 하면 꿈도 영어로 꿀 수 있다. 보통 영어가 늘기 전에 영어로 꿈을 꾸면 영어를 잘할 수 있다는 속설이 있다,

그것은 분명한 사실이다.

이것은 자기 잠재의식 속에 영어를 잘하고 싶어 하는 간절함이 묻어있기 때문이라고 생각하면 될 것 같다.

나는 항상 자기 전에 외국영화를 보고 혼자 중얼중얼거리다가 자곤 했다.

* 10분 동안 영어로 이야기하면 두 가지 효과를 볼 수 있다*

1. 머릿속에 잠자고 있는 단어를 깨울 수 있다.
2. 말하는 요령과 대화를 이끌어가는 능력이 생긴다.

잠들기 전 10분 동안 영어로 말하기를 3개월 연습하면 없는 말도 만들어 낼 수 있는 능력이 생긴다.

어떤 사람은 1분을 말해도 할 말이 없고 어떤 사람은 30초도 못하는 경우가 있다. 바로 그것이 자신의 진짜 영어회화 실력이다,

단어를 많이 알아도 말하는 요령을 몰라 망설이는 사람들에게는 이 방법을 추천한다. 하다가 막히면 영영사전을 이용하여 영어의 문형을 파악함으로써 영어의 기둥을 세울 수 있을 것이다.

머릿속에 잠자고 있는 단어를 일으켜 세워 당신의 문장으로 만들어야 한다.

Tear. Boom. Toy. I am a boy.

Feet. Vest. Vast. Goal. Take a opportunity.

Opinion. Neat. Go to the gym.

She Kicks. I Expect. Domestic. Hide.

깨어나라! 나의 단어들이여!

깨어나라! 나의 문장들이여!

“외국인도 놀라는” 20번째 비법

모르는 단어는 모르고 넘어가라

I don't need to know them

◆◆◆

몰라도 되는 단어를 계속 공부하면 영어는 점점 더 흥미를 잃고 멀어져 간다. 왜 처음부터 어려운 단어를 공부하려 하는가?

우리나라 6살 어린아이에게 주식이 뭐냐고 한국어로 물어본 적이 있는가? 물어봐도 모를 뿐더러 설명해줘도 무엇인지 모른다. 주식을 설명하기 위해서 사용되는 단어들이 생소하기 때문이다. 그 뜻을 알려주기 위해 30분 동안 설명한다면 그 아이는 아마 당신을 싫어할지도 모른다. 지루하고 재미가 없기 때문이다.

만일 원어민 주식 전문가가 주식에 대해서 영어로 당신에게 설명을 해준다면 당신은 이렇게 말할 것이다.

"무슨 말인지 하나도 모르겠네!"

주식에 대한 배경지식이 없는 사람일 경우 이해하기 힘들다는 것이다. 그리고는 영어공부 더 열심히 해야겠다고 다시 다짐하게 될 것이다.

모든 분야에서는 그 분야에서만 쓰는 전문용어가 있고 한국말을 쓰는 한국인이라 해도 그 분야의 전문용어는 잘 모를 수 있다. 전문가가 아니기 때문이다.

자동차 정비사가 우리들에게 자동차 원리를 설명해준다면 정확하게 이해할 수 있을까? 아마 대충 이해하다가 그냥 넘어갈 것이다.

미드를 볼 때도 마찬가지다. 미국 TV를 보면 과학수사대 CSI(CRIME SCIENCE INVESTIGATION)라는 프로가 있다. 이 프로를 보다 보면 과학적인 용어가 나오면 휙 하고 지나간다. 그래도 별로 신경 쓰지 않는다. 살아가는 동안 거의 쓸 일이 없는 단어이기 때문이다.

여러분 중에 CTC의 뜻을 알고 있는 사람이 있는가? 아마 거의 없을 것이다. CTC(CENTRALIZED TRAFFIC CONTROL)는 열차 집중제어장치를 말한다.

미드를 보면 아는 단어 몇 개만 들리고 나머지는 휙 하고 지나간다. 무슨 말을 하는지 알겠는데 입으로는 전혀 나오지 않는다.

영어도 한국어와 다를 바가 없다. 한 번에 모든 걸 완파한다? 완전정복한다? 마스터한다? 이것은 불가능하다. 매일 생겨나는 신조어들을 어떻게 전부 다 공부할 수 있을까? 이렇게 빠르게 변화하고 발전하는 현실에 언어를 마스터 한다는 말은 한국인이 신개정판

국어사전에 있는 단어를 전부 알고 있다고 이야기하는 것과 별반 다를 바 없는 억지일 뿐이다.

이 말을 듣고 나면 여러분의 가슴이 좀 후련해졌을 것이다.

우리는 영어를 정복하는 것이 아니라 원어민 20살 수준의 보통 영어레벨을 만들면 된다. 그리고 자신이 어떤 분야에 종사하느냐에 따라 영어단어를 익혀 나갈 것이다.

난 매일 TV를 보면서도 무슨 말인지 가끔 이해를 못할 때가 있다. 매일 한국어를 쓰는데도 어법은 매일 헷갈린다.

호주에 있을 때 호주인 친구가 비즈니스 스펠링을 나한테 물어본 적이 있다. 그 친구는 항상 그 단어가 헷갈린다고 했다. 웃기지 않은가? 원어민이 스펠링을 몰라서 묻는다니……. 그때는 저 사람 이상한 거 아닌가 하고 생각했다. 하지만 그렇게 웃던 나도 한국어가 헷갈린다. 자주 쓰는 단어와 자주 사용하지 않는 단어의 익숙함의 차이라고 생각한다.

우리 국민들 모두가 국어사전에 나오는 우리나라 말을 다 아는가? 이는 원어민도 마찬가지다.

원어민도 CSI 과학수사대를 보면 이해할 수 없는 단어가 나온다고 했다. 원어민도 잘 모르는데 우리가 다 알려고 덤벼들면 지칠 뿐이다.

그렇게 중요하지 않은 단어는 흘러보낼 줄 알아야 영어가 즐거워질 것이다. 쉬운 걸 잘하게 되면 자연스럽게 어려운 단어를 찾게 될 것이다.

어려운 단어야! 그냥 지나가렴.
I do not care.

"외국인도 놀라는" 21번째 비법

여러 가지 도구들을 고안하라

Devise the tools of english

◆ ◆ ◆

영어공부를 꾸준히 하다보면 때때로 슬럼프가 찾아올 것이다. 모든 일이 그렇듯이 싫증이 생기면 더 이상 흥미가 없어진다는 이야기다.

계속적인 흥미를 유발할 수 있는 방법으론 영화나 팝송을 공부하면서 그 의미를 찾아 따라하다 보면 유창한 발음 실력을 가질 수 있다.

그런데 사실 발음이 말하기에 크게 영향을 미치지는 않는다.

말하기는 소리가 얼마나 상대방에게 잘 전달되느냐가 가장 중요한 것이다.

팝송을 들을 때 가사를 미리 보고 모르는 단어를 사전으로 먼저 검색한 후 노래가사의 뜻을 미리 공부하면 영어공부에 큰 도움을 줄 수 있다.

그리고 난 후 노래를 들으면서 내 발음의 차이와 원어민이 내는 발음의 차이를 비교해본다. 영어발음과 회화의 연음을 향상시키기 위해서는 반드시 해야 한다. 언어는 소리로 판단하지 입 모양으로 판단하지 않는다는 것을 반드시 알아야 할 것이다.

한국 가수들이 팝송을 부를 때 정말 똑같이 따라한다. 그렇다고 그 가수가 영어를 정말 잘해서 그렇게 부를 수 있는 것일까? 아니다. 가수들은 소리로써 받아들이기 때문에 유창하게 노래를 할 수 있는 것이다.

즐길 수 있는 영어도구를 생각해보자!

0. 영어문자 친구를 만들어 문자를 매일 보내라!
(상대방의 문법이 틀렸다고 싸울 수도 있다.)
1. 발음하기 쉬운 발라드 팝송노래를 찾아라!
(음치일수록 더 많이 연습해야 한다.)
2. 가사를 미리보고 단어와 문장의 의미를 숙지한다.
(자기수준에 맞는 노래를 찾아라.)
3. 입에서 거품이 나올 때 까지 똑같이 따라한다.
(목이 쉬어 다음날에 무리가 올 수도 있다.)

4. 팝송은 일주일에 3일만 한다.

(매일 해도 상관없다.)

5. 영어로 된 홈페이지를 검색하며 인터넷 쇼핑을 한다.

(자신의 의지와 상관없이 야동사이트에 들어갈 때도 있다)

6. 영자신문의 큰 기사거리만 보자.

(많이 보면 머리가 아프다.)

7. TV에 나오는 영어유치원 프로그램을 꼭 보자.

(생각 이상으로 도움이 많이 된다.)

8. 미드를 보면서 같이 따라 말해라!

(옆 사람에게 시끄럽다고 욕먹을 수 있다.)

9. 어플을 다운받아 외국인과 채팅을 해본다.

(변태들이 은근히 많이 숨어있다.)

또한 작문을 잘하기 위해서 스마트 폰에 외국인 채팅이라는 어플을 반드시 다운받아 채팅하는 것을 잊지 말아야 한다. 주로 미국인들과 실시간 무료로 대화를 나눌 수 있는데 이상한 변태들도 많이 있다. 하지만 전혀 신경 쓸 것이 없다. 그들을 자극시키고 영어문장을 배우는 것이 목적이다. 문장을 많이 적는 것보다 말을 하도록 유도하는 것이 여러분의 영어표현능력을 많이 향상시킬 수 있는 방법이다.

상대를 자극시켜서 많은 말을 하도록 하면 그들이 사용하는 언어와 표현력을 배울 수 있을 뿐 아니라 지루하지 않게 채팅을 하면서 외국인과 대화할 수 있다.

특히 채팅을 하면 원어민이 쓰는 **욕**(abuse)과 slang을 많이 배울 수 있어 유익하지는 않지만 그들이 어떤 욕을 쓰는지 아주 자세히 알 수 있다.

또한 영어로 끝말잇기게임 또는 보드게임을 하거나 영어로 된 홈페이지 surfing하기, 영어책 읽기, 욕 쓰기 등 여러 가지로 영어를 즐길 수 있는 영어의 도구들을 만들어야 할 것이다,

드라마, 만화, 시트콤 등은 유용하지만 초보자일 경우 무슨 말인지 알아듣기도 힘들고 말의 속도가 빠르게 지나가기 때문에 회화에는 그렇게 많은 도움이 되지 못한다.

욕심을 내기보다는 천천히 가는 것이 더욱 알차고 실속 있는 당신의 영어실력을 만들어 줄 것이다.

"외국인도 놀라는" 22번째 비법

자기 전에 10분씩 영어동화책 읽기
Read a fairy tale

자기 전에 일주일에 5번 **10분만 영어책 읽기**를 한다면 당신의 영어 실력은 다른 어떤 사람보다 실력이 향상될 것이다.

일반적으로 동화책은 성인들이 피하는 경우가 대부분인데 사실 너무 쉽고 어린이들이 보는 책이라고 생각한다.

하지만 **동화책은 구어체(spoken english)가 많이 들어가 기본적인 회화를 배우는 데 탁월한 효과가 있다.**

우리가 어릴 때를 생각해보자.

얼마나 많은 동화책을 읽었는지 그리고 얼마나 많은 동화책을 엄마가 읽어주셨는지……

그런데 왜 영어동화책은 읽지 않고 영어를 잘하려고 하는지 의문이 아닐 수 없다. 지금 당장 서점에 가서 자신의 수준에 맞는 동화책을 사길 바란다.

반드시 알아야 할 것은 내가 어려운 책을 읽고 이해하는 것과 내 머릿속에서 문장을 형성해서 말하는 것은 **아주 큰 차이**가 있다.

책읽기는 자신의 생각을 정리할 수 있고 다양한 문장을 접할 수 있도록 하기 때문에 영어표현능력을 향상시킬 것이다.

비가 모여 강물이 되듯이 작은 문장들이 모여 유창한 회화실력을 만들 수 있다. 책을 읽고 문장을 반복해서 읽고 외우는 것이 가장 중요하다. 처음부터 외우는 것이 힘들다면 조금씩 천천히 하는 것이 좋다.

반드시 소리 내어 읽으면서 해야 하는 것도 잊지 말아야 할 것이다.

많은 문장을 보는 것보다 한 문장을 익숙해질 때까지 반복적으로 보는 것이 중요하다.

우리나라 학생들은 말하기 실력보다 독해실력이 굉장히 좋은 편이다.

하지만 말하기 실력은 왜 항상 그 자리일까?

reading은 눈으로 보고 이해하는 것이지만 말하기는 머릿속에 있는 문장을 끄집어내야 하기 때문에 차이가 많이 나는 것이다.

독해를 잘하는 학생이 speaking을 잘할까? 전혀 그렇지 않다는 것을 여러분도 잘 알고 있을 것이다.

독해는 이미 적어 놓았던 것을 눈을 통해 머릿속으로 이해하는 것이지만 말하기는 머릿속에 튀어 오르는 생각들을 쏟아내는 것이기 때문이다,

하루에 10분씩 영어 동화책을 읽는 것은 자신의 영어 문형 지식을 늘리기에 아주 좋은 길잡이가 될 것이다.

자기 전 10분만 자기 수준에 맞는
동화책을 읽자!
없다면 지금 당장 사러 가자!

교회에서 원어민을 찾아라!
prepare a real situation

◆ ◆ ◆

영어는 구어체와 문어체로 나눌 수 있다.

말하기와 글쓰기의 차이점이라고 생각하면 쉽게 이해가 될 것이다.

영어를 구사할 때 어려운 점이 원어민처럼 자연스럽게 구사하기가 힘들다는 것이다. 한국 발음과 억양에 익숙해 있는 사람들이 영어를 못하는 것이 당연한 것이다.

이 문제를 해결하기 가장 좋은 방법은 외국인이 다니는 교회를 다녀보는 것이다!

기본적인 회화로 외국인과 친하게 지내면서 영어의 재미를 가속화시켜야 한다.

교과서에 본문의 내용을 암기한다고 해서 영어를 잘할 수 있다고 생각하면 안 된다. 아무리 많이 듣는다고 해도 모르는 단어는 절대 알 수가 없다. 모르는 단어가 있으면 원어민에게 물어라.

I don't know what it is? can you explain it to me?

모르면 모른다고 이야기해라! 호랑이를 잡으려면 호랑이 굴에 들어가야 한다.

외국인 친구와 밥을 먹고 당구를 치면서 실용회화의 능력을 키워 나아가야 한다!

노래가사를 외워서 음을 똑같이 따라하면 외국가수만큼 팝송을 잘 부를 수 있다. 언어는 단순하게 말해서 모방이다.

모방에서 시작해 학습을 통해서 지식을 배우고 나면 스스로가 문장을 형성할 수 있는 말의 힘이 생긴다.

말의 힘은 곧 책읽기에서 생겨나기 때문에 책을 많이 읽으면 지식을 습득할 수 있고 지식을 습득하고 난 후 **자신의 생각과 어우러져 새로운 문장이 만들 수 있게 된다.**

새로운 문장을 만들어낸다는 것도 결국 모방에서 시작해서 창조로 이어진다는 것을 명심해야 한다. 문장의 창조는 문장의 모방에서 시작되고 많은 문장의 모방이 결국 회화를 잘하게 된다는 것이다,

실전상황에 영어를 잘하기 위해서는 영어로 노래하고 영어로 말하고 간판에 적혀있는 영어단어나 화장품에 적혀 있는 영어문장을 소리 내어 읽는 것이 정말로 중요하다.

난 영어를 몰라서 못한다는 생각은 갖지 말아야 할 것이다.

잠깐!! 지금 앞에 무엇이 보이는가?

만일 당신 앞에 컴퓨터가 보이면 지금 컴퓨터자판에 있는 영어단어들이 무슨 뜻인지 찾아보기 바란다.

이번 주 일요일에는 외국인이 다니는 교회에 참석해보자.

그리고 자신의 존재를 외국인에게 알려라!

영어의 작은 물방울이 없으면
큰 영어바다는 절대로 존재하지 않는다.

문법은 반드시 공부해라
DO NOT IGNORE GRAMMAR

◆ ◆ ◆

영어학원을 다니는 것은 혼자서 공부하는 것보다 훨씬 더 빠른 시간 안에 체계적으로 공부를 할 수 있게 만들어 준다.

학원을 다니지 않고 혼자서 공부하는 방법도 틀린 생각이 아니지만 영어학원은 영어공부를 어떻게 시작해야 할지 모르는 사람들에게 체계를 잡아주고 자신감을 만들어 줄 것이다. 문법은 혼자서 공부할 수 있지만 영어학원을 다니면서 자신의 것으로 만들어 낼 수 있다.

여기서 내가 하고 싶은 말은 현대사회는 시간의 관리가 곧 자신의 성공의 밑거름이라는 것이다.

영어학원은 자신이 공부하는 것보다 시간활용이나 많은 정보를 얻을 수 있어 SAVER OF TIME이라고 말할 수 있다.

어느 정도 체계가 잡혀나가면 스스로 공부할 수 있지만 우리는 영어공부 이외에도 할 일이 많은 사람들이다.

일반적으로 회화를 잘하기 위해서는 문법이 필요 없다고 생각하는 사람들이 많은데 절대 그렇지 않다. 기본적인 문법을 모르면 막연히 따라하는 것일 뿐 본인의 문장으로 절대 만들 수 없다.

원어민들도 글을 배우기 위해 초등학교를 다니지 않는가? 받아쓰기를 많이 틀릴 때도 있고 모르는 단어가 나올 때도 있다,

사람의 말을 흉내 내는 구관조는 절대 독창적인 문장을 만들어 말할 수 없다. 언어의 구조를 모르기 때문에 그냥 흉내만 낼 뿐이기 때문이다.

흉내는 누구나 낼 수 있다. 팝송을 잘 부르는 가수가 영어를 얼마나 잘할까?

흉내만 낼 뿐 언어의 구조를 전혀 모르기 때문이다.

언어는 흉내를 내고 난 후 자신의 문장으로 만들 수 있어야지 비로소 진정한 능력을 발휘할 수 있다.

기초적인 문법과 영어의 구조를 파악하면서 공부를 한다면 정말 누구보다 더 영어를 잘할 수 있을 것이다.

분명히 말하지만 문법을 무시해서는 절대 영어를 잘할 수 없다. 영어를 깊이 있게 공부하다 보면 문법이 반드시 필요하다는 것을 반드시 느끼게 될 것이다.

체계적인 문법실력을 쌓고 싶다면 반드시 영어학원을 다녀서 실력을 쌓는 것이 중요하다. 독학도 좋지만. 힘들어 작심 3일이 될 수

도 있다.

영어학원은 자신의 영어실력을 객관적으로 바라볼 수 있게 해주며 영어를 처음 시작하는 사람에게는 길잡이가 되어줄 수 있다.

주어에게 동사친구들을 소개해라!
s+ten Verbs

◆ ◆ ◆

영어를 잘하기 위해서는 한국말이 나올 때 마다 영어로 생각하
는 **영어적 사고방식**이 중요하다.

이건 영어로 뭘까? 저건 영어로 뭘까?

무조건 영어로 생각하라!

하지만 무조건적인 영어의 사고방식은 스트레스를 유발할 수 있
어 그만큼 위험이 따른다.

여기에도 요령이 필요하다. 즉 재미를 부여하면서 동기유발을 자
극시켜야 한다. 영어를 잘하기 위해서는 사고방식을 바꾸어야 하고

영어와 항상 접목을 시켜야 한다.

예를 들어 길을 걸어가고 있는데 고등어를 파는 아저씨가 있다. 이때 고등어가 영어로 뭘까? 라고 생각하라는 것이다.

고등어=a mackerel이다. 그럼 가오리는 뭘까? 병아리는 뭘까?

이 과정은 생각의 영어식 전환이라고 간단하게 말할 수 있다. 1달 정도 습관화시키면 한국어를 생각함과 동시에 영어로 전환시키려는 의지가 생겨난다.

익숙해지고 나면 자연스러운 습관으로 바뀌는 것을 경험하게 될 것이다.

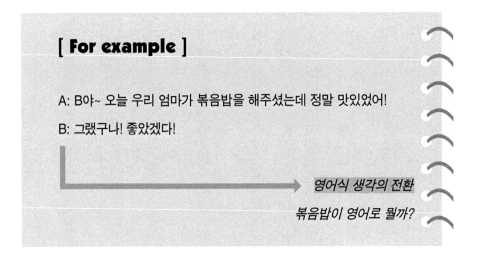

[For example]

A: B야~ 오늘 우리 엄마가 볶음밥을 해주셨는데 정말 맛있었어!
B: 그랬구나! 좋았겠다!

영어식 생각의 전환

볶음밥이 영어로 뭘까?

STEVE : 모르면 사전을 꺼내서 찾아 보서아 해요 ^ ^ 문장도 함께!

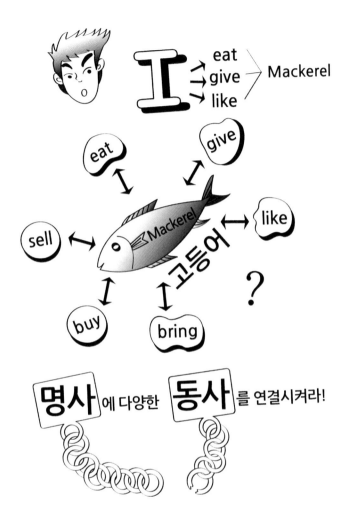

언어는 빠른 시간 내에 절대 잘할 수 없다는 것을 반드시 알아야
한다.

쇼핑을 하면서, 때로는 음식을 주문하면서 이 단어는 영어로 뭘
까? 하고 궁금해 하는 습관이 반드시 필요하다.

외국에 나가면 영어가 반드시 영어실력이 향상되는 것은 아니지만 영어환경에 노출이 많이 되기 때문에 조금씩은 늘어간다. 속담에도 서당개 3년이면 풍월을 읽는다고 하지 않는가.

많이 들을수록 듣기가 되지만 듣기는 어느 한계점에 부딪치게 되어 있다. 모르는 단어를 공부하지 않으면 절대 알 수가 없기 때문이다.

모르는 단어는 영영 사전을 찾아보고 이해하는 것이 가장 좋다. 생활 속에서 상황반복을 통해서 이해할 수 있는 회화와 전문적인 지식이 필요한 영어단어와 회화들이 많이 있기 때문이다.

생활 속에서 자투리 시간을 활용해 영어를 접목시켜서 생활한다면 당신은 반드시 영어의 능력자가 될 수 있을 것이다.

지금 당신의 눈앞에 무엇이 보이는가?

지니: 음……. 천장요.

STEVE: 영어로 생각을 전환시키세요!

지니: (영어사전을 찾는다) ceiling……요.

STEVE: '나는 천장을 보고 있어요'는 영어로 무엇인가요?

지니: ???

다양한 동사를 주어에 붙여서 하루에 10문장만 만들어 보자!!

I eat a mackerel. I like a mackerel…….

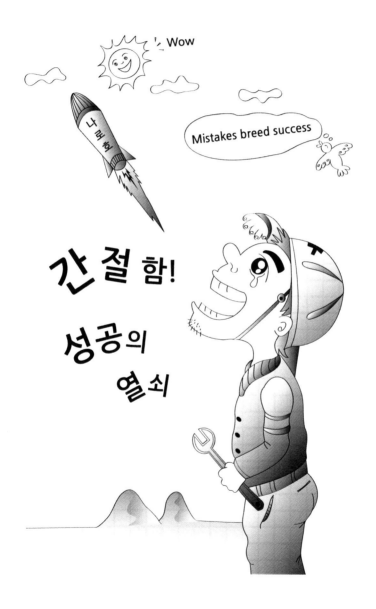

원어민 화상영어 매일 20분

◆ ◆ ◆

나는 호주에서 대학을 나와서 호주영주권을 취득했다.

물론 처음부터 영어를 잘하지는 못했다. 난 호주에서 살면서 영어를 잘하기 위해 수단과 방법을 가리지 않았다.

심지어는 거지에게 영어를 배우기 위해 1달러를 주고 말을 걸어본 적도 있다. 역시 유창한 실력의 영어를 구사하는 것을 보았다.

영어를 가장 잘할 수 있는 방법은 영어환경에 살면서 원어민과 대화하는 것이 가장 효과적인 것을 알았다. 이것이 가장 효과적인 이유는 조건반사(conditioned reflex)가 이루어지기 때문이다.

처음 말을 배울 때 엄마는 말을 못하는 아기에게 계속해서 말을 걸어주면서 행동한다. 그 과정에서 아기는 본능적으로 조건반사를 한다. 눈으로, 손짓으로, 소리로 조건반사를 한다. 조건반사는 우리가 영어를 익힐 때 필요한 가장 본질적인 것이다.

조건반사를 이끌어내기 위해서는 누군가 우리에게 말을 걸어주어야 한다.

지금 당신은 조건반사의 매개체를 가지고 있는가?

이러한 것들이 이루어지지 않기 때문에 많은 학생들이 유학을 가고 있다.

하지만 비싼 비용과 시간 때문에 유학을 가지 못하는 많은 학생들에게 외국에서 공부하는 것만큼 이익(benefit)을 가질 수 있는 대한민국 대표화상영어 회사들이 모여 있는 **러닝큐**(www.learningQ.co.kr/steve) 사이트를 소개해 주겠다.

지금 우리는 smart 세상에 살고 있어 더 나은 영어 system을 접할 기회가 많아졌다. 과거에는 꿈만 같던 상상들이 현실로 이루어지고 있다는 것이다.

그중 하나가 원어민과 실시간으로 화상채팅을 할 수 있다는 것이다.

원어민과 1:1 화상영어를 하면서 여기에 적혀있는 영어정복 습관 비법들을 실행에 옮긴다면 반드시 성공할 수 있다.

나는 지금 러닝큐 사이트에 관리자로도 활동하고 있으며 여러분이 믿고 공부할 수 있는 대한민국 화상영어의 대표 3사 사이트를 추천해주고 싶다.

무료체험 후 여러분의 취향에 맞는 브랜드를 선택하면 될 것이다.

이보영 화상영어, 능률교육화상영어, E-lamp 화상영어를 선택할 수 있다.

화상영어는 일주일에 5번 매일 20분씩 진행된다, 화상영어를 하면서 이 책의 방법들을 병행한다면 반드시 당신은 1년 후 영어의 고수가 되어 있을 것이다.

나의 영어학습법은 영어환경에 수년간 살면서 많은 시행착오(trial and error)를 거쳐 만들어낸 1%의 영감에서 나온 습관들을 정리해 놓은 것이다.

원어민과 화상영어를 한다는 것은 영어환경을 만들어 주고 조건 반사를 이루어지게 하는 것이다. 하지만 영어환경에 있더라도 지식을 습득하지 않으면 한국에 있는 것보다 떨어지는 영어실력을 가질 수 있다. 즉 영어환경에 있다고 해서 절대로 영어를 잘할 수 있는 것이 아니라는 것이다.

원어민과 1:1로 매일 대화하면서 앞에서 말한 비법들을 반드시 실행하기 바란다.

사실 이민 2세대들의 자녀들도 학교에서 수업을 따라가기 위해 영어 과외를 받는다. 원어민이 아니기 때문에 숙제를 대신해주거나 영어의 해박한 지식이 없는 이민 1세대는 자녀를 위해 영어 과외를 시켜줄 수밖에 없는 현실에 치히게 된다.

이 문제점을 해결하기 위해서는 매일 꾸준히 영어를 쓰는 원어민과 대화를 하는 것을 잊어서는 안 된다. 우리나라 말을 하기 위해서 어린아이들이 얼마나 많은 받아쓰기를 하고, 읽고, 대화하는지 깨달아야 할 것이다.

영어는 금방 잘할 수 있는 것이 절대 아니라 모국어를 배우듯이 차근차근 단계를 밟아나가야 한다. 영어정복 습관비법의 노력으로 우리가 가지고 있는 하루를 영어습득과 접목시켜 활용하자,

자신감을 가지고 위에 있는 방법대로 한다면 가장 저렴한 비용으로 영어를 습득할 수 있을 것이다.

우리가 근무하는 환경과 자기가 생활하는 테두리에서 영어를 구사할 줄 안다면 아주 똑똑하고 현명한 사람일 것이다. 너무 멀리 보지 말고 자신의 영역부터 조금씩 접근해 간다면 좀 더 좋은 성과를 얻을 수 있다.

다시 말하자면 얼마큼 원어민과 많은 시간 동안 대화하느냐는 것이 영어실력과 비례된다.

나의 노하우는 영어를 잘하고 싶은 간절한 마음을 책으로 적어 영어를 잘하고 싶은 사람들에게 희망을 주었으면 한다.

일명 간절함이 만들어낸 나만의 창조적인 학습법인 것이다. **이순신 장군의 간절함은 거북선**을 만들어 냈고 **라이트 형제의 간절함은 비행기**를 만들어 냈다. **빌 게이츠의 간절함은 컴퓨터**를 만들어 냈다. 당시 대부분의 사람들이 그들을 보고 제정신이 아니라고 말했다.

그렇다! 미쳐야 무엇이 생겨나고 세상을 바꿀 수 있다.

당신은 세상을 바꾸기 위해 무엇을 하고 있는가? 혹시 타임머신을 만들고 있지는 않은가? 물로 가는 자동차를 만들고 있지는 않은가?

나도 영어를 아주 잘하고 싶다는 간절함이 있었기에 이 자리까지

오게 됐다.

대한민국에는 좋은 영어학습법들이 많이 있다.

나의 학습법도 그중 하나이다. 하지만 한 가지 다른 점은 가장 기본적으로 언어의 원리를 충실히 지키고 자기최면을 걸어 언어습득의 효율성을 극대화시키는 것이다. 거기에서 화상영어는 필수 중에 필수다.

화상영어는 ESL 환경을 만들어준다

ESL=ENGLISH FOREIGN LANGUAGE

우리나라는 영어를 외국어로 쓰는 나라이기 때문에 집에서나 학교에서 영어를 사용할 일이 거의 없다.

영어를 사용하지 않는 사람들이 영어를 잘 못하는 것은 너무 당연한 결과이지만 화상영어는 외국인과 대화함으로써 영어환경을 만들어 주는 중요한 도구가 될 수 있다.

화상영어는
조건반사의 매개체~
대화의 기본은 상호작용이다

영어는 이제 한 사람의 경쟁력이다!
그냥 생각하지 말고 실행에 옮겨라!
말은 작게, 행동은 크게 크게.

영어일기는 제발 좀 쓰지 마라!
Stop writing a diary

♦ ♦ ♦

말하기의 시작은 글쓰기 처럼 해야한다.

앞으로 영어교육은 말하기와 쓰기의 비중이 더욱 확대될 전망이다.

구어체를 잘하는 것과 문어체를 잘하는 것은 분명한 차이가 있다. 말을 잘하는 사람도 문서나 에세이를 쓰라고 하면 잘하지 못하는 경우가 대부분이다. 말은 머릿속에서 떠오르는 단어를 생각나는 대로 말할 뿐이지만 자신이 말하고자 하는 메시지를 정확하게 전달하지는 못한다.

하지만 글쓰기를 잘하는 사람일수록 말을 잘할 수 있는 능력을 가질 수 있다. 유명한 작가들 중에 말을 못하는 작가를 한 명도 본 적이 없다.

writing은 많은 시간을 두고 연습이 필요하며 대단히 중요하고 말하기를 하는 데 엄청난 도움을 줄 수 있다. 자신의 생각을 정리하고 난 후 글로 적어서 다시 그 내용을 머릿속에 집어넣는다면 아주 좋은 학습도구가 아닐 수 없다.

그렇다고 영어일기를 쓴다고 생각하면 안 된다. 한국어로 일기를 쓰라고 해도 재미가 없는 마당에 영어일기는 너무 지루하고 단순해서 쉽게 질리기 때문이다.

스마트폰이나 컴퓨터에 보면 youtube라는 사이트가 있다.

해외 사이트의 동영상을 보고 댓글을 남겨라.

반드시 댓글을 먼저 읽고 남겨야 한다. 다른 사람이 남겨 놓은 댓글은 영어식 표현 방식을 배우기에 참 좋다. 영어일기는 너무 막연하기 때문에 맞는 문장을 쓰고 있는 건지 아니면 어떻게 써야할지 감을 잡을 수 없기 때문에 영어식 표현을 모르는 사람에게는 별로 도움이 되지 않는다.

해외 사이트에 들어가서 댓글을 읽으면 영어식 구어체 표현 즉, 원어민이 사용하는 살아있는 영어식 표현들을 배울 수 있어서 참 좋다.

영국가수 adele 〉〉〉 노래 someone like you〉〉〉 youtube 댓글 모음

Megala :>>>it is good thing because I learn english and now I
           can enjoy this song and artist like adele……. you
           touch my soul
dulce gonzalez :>>> I love this song it touches my heartbig
           time

밑에 있는 내용은 악플이다.

Hafid gando :>>> A crappy music sung by a crappy artist
뜻: 더러운 예술가가 부른 더러운 노래

물론 위에 있는 내용처럼 좋은 댓글만 있는 것은 아니다.

우리는 교과서적인 영어에서 탈피해 그들이 쓰는 영어식 표현을 모두 다 배워야 한다. 그것이 나쁜 표현이든 좋은 표현이든 상관없이…….

사람은 다른 사람을 험담하는 것을 좋아하고 그것을 즐기는 경향이 있다. 모두가 그런 것은 아니지만 일부 악플을 다는 사람들을 보면 관심받기를 바라는 애정이 필요한 사람들이다.

당연히 원어민들이 사용하는 욕을 우리도 알아들을 수 있어야

한다. 욕도 언어의 일부이기 때문이다. 원어민이 욕을 하는데도 웃고 있다면 정말 황당한 일이 아니겠는가?

하루에 영어댓글을 3개를 읽고 난 후 댓글을 달아라!
하루에 댓글 하나면 충분할 것이다.
영어일기의 10배 효과가 있을 것이다!

"외국인도 놀라는" 비법 27가지를

1년만 꾸준히 한다면 당신도 영어 능력자!

All the best to you!!

책을 마치며

시간을 어떻게 보내느냐에 따라 여러분의 영어실력이 결정될 것
이다.

한 가지 언어를 잘하기 위해서는 그에 맞는 꾸준한 노력과 열정
이 필요하다.

TIME IS NOT GOLD, TIME IS YOUR SOUL
시간은 금이 아니다, 시간은 당신의 혼이다.
시간은 자신을 만드는 가장 가치 있는 도구다.

자투리 시간을 이용해 이 방법과 습관을 적용시킨다면 당신도
영어능력자가 될 것을 확신한다.

여러분에게 항상 행운이 함께하기를 간절히 바란다.